Un pueblo de luz
en un mundo colonial

Rafael Sanmartín

Rafael Sanmartín Ledesma
Andalus56@gmail.com
+34 656 435 586

Maqueta, diseño y edición, Pedro I. Altamirano
A través de KDP.AMAZON

ÍNDICE

Me gustaría que lo aquí escrito no fuera tomado como un alegato contra ninguna ciudad y menos contra ningún pueblo. Andalucía ni quiere ni debe ni necesita ir contra nadie para mantenerse en su sitio y todas las ciudades y sus habitantes son víctimas de la política gubernamental. Cualquier ciudad sólo se haría responsable de esa política en la medida en que siguiera a los gobernantes y defendiera, si las hubiera, las ventajas creadas por estos para ella.

El autor

I
Quien no tiene pasado, no tiene futuro[1]

Si aceptamos con Ernst Renán que «*el fundamento de toda nación es la voluntad de vivir juntos, la existencia de un proyecto de vida en común*» debe concluirse sin error que España no existe. El entorno en que vive Andalucía como parte insegura de ese entorno desde hace seis siglos, es un territorio, tal vez un Estado, pero no una Nación. Porque es un cuerpo sin alma. Más que un proyecto de vivir junto a otros, el del Estado español es de vivir contra otros. No hay voluntad de convivir, de vivir juntos; hay un espíritu centrífugo obsesionado en absorberlo todo, condicionar todo cuanto está en torno a la voluntad, a la necesidad, al capricho del centro; es una ideología totalitaria enfocada en el centro geométrico como cabecera y aglutinante de todo el territorio, un imperialismo que cuando pudo extenderse en el exterior utilizó a la periferia como elemento útil a su mentalidad expansionista y cuando perdió el imperio ha querido reproducirlo dentro de los límites marcados por los mares que la rodean. La submeseta norte, fundamentalmente sus dos tercios sur, ha distribuido el odio dónde, para poderlo llamar nación, debería existir conciencia común, conciencia de pueblo, conciencia que, al no existir intención de ganarla, maximiza el enfrentamiento fruto de ese egocentrismo: los gallegos «son catetos», los vascos

---

[1] La frase está basada en la afirmación de George Orwell "Quien controla el presente controla el pasado. Y quien controla el pasado controla el futuro" en su novela "*1984*", publicada por primera vez en 1949.

«cabezones», los catalanes «usureros», los canarios «aplatanados». Y los andaluces «vagos» e «indiferentes». Además «no sabemos hablar ni tampoco comer». Todo ello a pesar de adorar el gazpacho y las tapas —por ejemplo— a las que llaman «aperitivos» o «pinchos» según las zonas.

Ocurre que cuando se reconoce la riqueza gastronómica y alimenticia del gazpacho, por seguir con el ejemplo, esa comida, de forma automática, «*deja de ser andaluza* y pasa a ser española». Del mismo modo, cuando universidades extranjeras de mucho prestigio han descubierto los beneficios terapéuticos y recuperativos de la siesta, la siesta «*deja de ser actividad de vagos andaluces*» y se convierte en «el *yoga* ***español***». O cuando en casi toda la península se ha perdido la pronunciación de la «d» intervocal y de la «s» final, esas y otras caídas pasan a ser, según ciertos medios de comunicación «*una clara evolución protagonizada por Madrid, y copiada por todos los demás*». Para colmo esto «es así» después de muchos siglos de criticar a los andaluces, de recibir castigos en la escuela, de ser discriminados en los medios públicos y en los de comunicación «*por hablar mal*».

Con todo, lo peor es lo que consagra e institucionaliza este claro enfrentamiento de un territorio con otros, pese a tener un gobierno común, que será común en cuanto fuerza impuesta a todo el territorio, no en cuanto a su respuesta a todo el territorio. «*La cosa quedó así, pero nosotros sí pensamos en Andalucía*», era la «ocurrente» respuesta de un ex-ministro a la protesta por una serie de importantes obras no tenidas en cuenta, no realizadas y las que se llegaron a aprobar, mal planteadas, mal hechas, no llegaron a servir, ni de lejos, al objeto para el que en teoría habían sido pensadas. La falta de un proyecto de Estado evidencia que no hay Estado. O, mejor dicho, sí hay Estado en cuanto el Estado no es más que un territorio con un gobierno. Pero no hay nación, porque no hay un pueblo sino varios, dispersos y enfrentados. Sólo queda, pues, un gobierno dispuesto a fomentar diferencias para pescar en río revuelto. Sólo queda una idea y una actitud paralela a esa idea: la rentabilidad sacada a la división.

No hay Nación porque no hay voluntad, porque falla el concepto, porque no hay ligazón entre los vecinos de ese Estado; De esa porción de terreno, esquelético fantasma de una Nación. En el Estado español se ha confundido nación con territorio. Que la península esté rodeada de agua, terminada de aislar por una frontera marcada por una hilera de montañas, la cordillera pirenaica, ha hecho creer que *eso* era la nación, olvidando de forma más que lamentable que la Nación es «algo» más. Y que el Estado también incluye islas mientras otros dos estados también ocupan la parte de espacio correspondiente en la península ibérica. Aunque la geografía lo define muy bien, en contraposición a esa clara definición, se suele confundir «España» con «península». Pero en la península ibérica también existen Andorra y Portugal; al mismo tiempo y siguiendo en lo político-geográfico se olvida a las islas de las que, sin embargo se presume, también son «parte de España».

Precisamente la existencia de Portugal, Estado formado por conquistas en forma similar al español y sin embargo con estilo y política tan distintos, da la justa medida de que la mentalidad no la da el territorio. Quizá sí la dan las luchas entre una corriente progresista, que ha querido hacer avanzar al país y otra, la vencedora, siempre interesada en retenerlo y mantenerlo en la inmovilidad social y política.

No hay Nación porque el autoritarismo dificulta o imposibilita la unidad, porque no hay voluntad de convivencia. Porque el gobierno —el actual y los anteriores hasta Felipe II aunque el sentimiento centralista viene de atrás, desde Fernando III, tan admirado por el integrismo españolista— se ha preocupado y ocupado concienzudamente de engrandecer a la capital del *reino de las Españas* a costa de sustraer a toda la periferia cuanto ha sido beneficioso a su propósito. Y, es justo resaltarlo, a unos más que a otros.[2]

En todas las comunidades hay críticos de las otras. Gente que, generalmente *se sienten españoles, muy españoles,* pero resaltan y magnifican ínfimos detalles del carácter de los demás para hacerlos objeto de burla, unas veces reales, las más imaginados e impuestos, pero siempre con el objetivo de ridiculizarlos. Es evidente lo lejos que está eso de un mínimo sentimiento de comunidad, de formar parte de un grupo humano más o menos homogéneo. También por eso no existe. Entonces ¿dónde está el sentimiento, dónde está el «genio» español? Al contrario, eso ratifica la imposibilidad de llegar algún día a disponer de un sentimiento común.

---

[2] A este propósito ver, del autor: 2020 *Europa ¿solución o problema?* Entrelíneas editores

Todo lo escrito hasta aquí viene a dejar prueba tangible de que el territorio denominado España, el Estado español, carece por completo de identidad. Las diferencias entre sus territorios definidos son determinantes porque son estructurales, no son circunstanciales ni son de matices, y esas particularidades se han ido afianzando con el tiempo a partir de sí mismas y con la ayuda inestimable de la discriminación practicada por los gobiernos a favor de unos, en contra y a costa de otros. La discriminación se ha marcado con la suficiente profundidad y se ha profundizado tanto en ella que se ha imposibilitado cualquier forma de entendimiento o posibilidad de convivencia en común. No quiere decir que estas diferencias deban perdurar y derivar en un enfrentamiento permanente. Ni mucho menos, todo lo contrario. La profundización en la división o su contraria, la avenencia, depende de la voluntad común. Pero una cosa es la posible convivencia, el entendimiento *desde la mutua soberanía* y otra muy distinta, incluso antagónica, la vida en común. Si alguna vez hubo alguna posibilidad, eso se ha volatilizado por obra y gracia de la depredadora forma de gobernar con preferencias absolutas hacia unos y grave desprecio a otros, aún más absoluto.

La ausencia plena de coordinación —de unión es mejor ni hablar en este momento— entre las comunidades que forman unidades administrativas dentro del Estado español, es consecuencia de la manera como se ha formado, a base de conquistas violentas y de uniones dinásticas; esto es, acuerdos en la cúspide plenamente desconectados de la base. No es el español el único Estado *fabricado* de forma tan artificial. Italia, Francia ó Alemania, no tienen más pegamento para sostener sus regiones, departamentos, o länder que el poder de un ejército, de unas circunstancias militares favorables. Por eso también en otros estados europeos hay movimientos que aspiran a la separación, mejor dicho, a volver a su situación anterior a la conquista del sur por el norte, en los tres casos. ¿Casualidad?

El hecho requiere un análisis. En la situación actual, después de cinco siglos en la Penibética, siete en el Valle del Guadalquivir, de dominación, de imposición de un sistema educativo, de manipulación consciente de la historia, de apropiación de unos valores para desacreditar a las comunidades más intrínsecamente ricas, para hacerlas parecer dependientes de un carácter nuevo, creado con su propia idiosincrasia —la de las víctimas despersonalizadas—, pero deformado, prostituido, después de todo esto el objetivo fundamental, prácticamente único, es hacer creer que la personalidad nace del Estado español que la otorga o la *reparte* a las comunidades insertas en su geografía.

España ha creado una identidad artificial, tomada precisamente de la comunidad más señalada, de la que ha pretendido apropiarse su arte, su cultura, **su genio** y ocultar su historia con intencionalidad doble: parecer poseedora de personalidad propia y hacer creer a los miembros de la Comunidad despojada que su carácter, su cultura y su historia se deben a la entidad «superior», teóricamente «matriz», esto es, el reino de España. Para hacernos creer que nuestro lenguaje es una deformación lamentable del idioma llamado castellano. El análisis debe dilucidar qué es identidad y quien la tiene realmente. Y por qué.

No hay duda que determinados caracteres de la identidad propia de algunos pueblos a veces es menos clara, menos tajante. Ha ido quedando difuminada por el roce, la cercanía, la imposición de un modo de vida común en el desarrollo político y de consumo, determinados por la existencia de un espacio físico con normas impuestas por la Administración única, que no común, o al menos no es «común» a todo el espacio dónde se imponen esas normas precisamente porque carecen de fuerza al tratarse de normas impuestas, sin respeto a las particulares, propias de cada lugar.

Andalucía despierta diversos y encontrados sentimientos, fruto de la dicotomía de ser la creadora, la madre del llamado «genio» español y simultáneamente aparecer como producto de ese «genio», como dependiente o consecuencia de una acción exterior por imposición artificial. Andalucía, que es el original, es presentada arteramente como la copia. Y lo que es peor: que para llevar a cabo la suplantación, el original se ha falseado, prostituido, adaptado al nivel que interesa a los gobernantes y quienes les siguen, ya sea consciente o inconscientemente. De ahí los distintos sentimientos provocados, desde el tópico-sentimental —aunque probablemente bien intencionado— de la belleza, la simpatía, lo acogedora, hasta el final del abanico ocupado por el insultante cliché que niega sus valores y en su lugar le adjudica defectos, la considera sólo un cúmulo de tópicos prefabricados sin raíz real ni legítima.

Valgan dos ejemplos. Uno de la etapa andalusí, el otro de la tartésica. El primer caso, la etapa andalusí, se intenta invalidar con dos conceptos falsos. En primer lugar «*al Andalus es toda la península*», invento reciente, pues es bien sabido que la administración del Emirato de Córdoba dividió la península en cuatro provincias: al Andalus (la antigua Bética o Tartessos), al Garb (el oeste), al Musata (la Meseta con el norte) y al Xarq (el Levante), que por cierto, tienen bastante concordancia, aunque sus territorios no fueran totalmente idénticos con las cuatro provincias del período latino en que habían sido, respectivamente, Bética, Lusitania, Galaecia y Tarraconense. No plenamente coincidentes, decimos, pero con límites muy similares, dado que la provincia de al Andalus era casi coincidente con la anterior Bética. Y, no debe ser casualidad, la única provincia del Emirato/Califato que en la actualidad mantiene bastante similitud y casi la misma extensión y el mismo perímetro, es precisamente la Bética, aunque ha perdido territorios por el norte a consecuencia de la división territorial en cincuenta provincias, que se verá más adelante.

El segundo es la utilización de una abstracción razonable sólo en apariencia, para disminuir ú obnubilar plenamente el recuerdo de la forma de vida y de gobierno andalusí. Enemigos de lo andaluz niegan que fuera una sociedad pacífica y avanzada, con frases como «*no era tan idílica*». Ignoran adrede que no existen «sociedades idílicas», pero sí tan diferentes que da envidia no vivir en ellas, o que la propia no se le parezca. Suiza, por ejemplo, no es una sociedad «idílica» pero —es innegable— mucho más justa que la española. Ni siquiera la Utopía de Tomás Moro es plenamente idílica, pero de existir sería mucho más justa que todas las sociedades de su tiempo e incluso del actual.

Claro que hubo desajustes políticos y sociales durante esa etapa. Sobre todo es imprescindible cuando hay gente interesada en inmolarse, como ocurrió durante el Califato en más de uno de los motines provocados por la intransigencia religiosa. El primer problema, no en el tiempo pero sí en importancia, el permanente creado por el avance de las tribus del norte movidas por los visigodos que no habían participado en el enfrentamiento de La Janda, en unas guerras expansivas, a las que se les dio el nombre de *re-conquista* con el fin de justificarlas y legitimarlas. No existen sociedades idílicas, existen sociedades cercanas a la Justicia social en mayor o menor medida y sociedades absolutamente lejanas a ella, como la española, producto de aquellas conquistas territoriales. Suiza, por ejemplo, está muy lejos de la especulación urbanística tan bien vista en el Estado español, sin embargo su sistema bancario es capaz de soportar operaciones cuando menos dudosas a todas luces. Hay otras diferencias, como su nivel económico, social y de conciencia. No será idílica, pero se le acerca bastante más que otras y por supuesto muchísimo más que la española.

El segundo caso es más grave aún si cabe, porque sin necesidad de buscar rigor, ni de negarlo, hace unos años se puso de moda por parte de los arqueólogos el adjudicar todo el pasado a los fenicios. Se ha llegado al atrevimiento de decir que es fenicio hasta el tesoro de El Carambolo, a pesar de ser precisamente ese descubrimiento el que ha dado consistencia a toda una serie de hallazgos que confirman una línea común, desde Saltés o Carmona hasta Cancho Roano y La Aliseda, lugares tan alejados de las rutas fenicias, y sin embargo se ignora que en ningún lugar de toda Siria ha aparecido algo ni siquiera lejanamente similar en ningún aspecto a alguno de estos encuentros.

Un carácter abierto, acogedor, su entrega a los demás, ha despertado en los recién llegados unos erróneos sentimientos de superioridad, de derecho a la apropiación, de tratar con gente servil y en consecuencia, la posibilidad de aprovechar las circunstancias. Es comparable al de una familia amable que invita a otra familia a café y pastas, les atienden con exquisitez y les muestran su casa, habitación por habitación. Tanta amabilidad, a la que los forasteros no están acostumbrados, les hace creerse con derecho a decidir en cada momento lo que los propietarios deberían hacer. Entonces es llegada la hora de la desilusión para los visitantes. La torcida interpretación se tuerce aún más y los visitantes llegan a afirmar que los propietarios les han engañado y les han traicionado al ofrecerles una imagen que luego «no han sabido mantener».

El hecho se llama recibir un dedo y tomarse el brazo, derecho que nunca se les ha otorgado, pero lo han interpretado así a partir de la educación con que se les ha recibido. Es el principio de casi todas las conquistas territoriales: cuando el conquistador llega y es bien recibido, entiende, o se obliga a creer que el indígena le está cediendo el territorio, cuando no es más que afabilidad, un buen recibimiento por parte del visitado, mientras por parte del visitante es simple y llanamente traicionar la gentileza de quien les ha recibido, de cuya amabilidad se aprovechan para sorprenderlos.

Sin embargo, cuando pasa el tiempo, el invasor se ha hecho a las costumbres del invadido, más civilizadas, más avanzadas, más refinadas. Entonces termina adoptándolas. Muchas veces se produce una mezcla en la que predomina lo autóctono. En ese momento el conquistador ha sido conquistado. Ha ocurrido en Andalucía en todas las ocasiones, excepto dos. Una, la ocupación visigoda: los godos fueron incapaces de adaptarse a una civilización superior, por lo que se mantuvieron separadas las dos comunidades. La segunda es la invasión castellano-leonesa. En esta ocasión la fórmula aplicada ha sido distinta aunque igual de primitiva: se adoptan algunas de las costumbres de la Comunidad conquistada y se rebajan, adaptándolas al gusto y a la capacidad o alcance cultural del conquistador. A continuación se intenta hacer creer que dichas costumbres son originales del conquistador y es el conquistado quien las ha adoptado, quien las ha aprendido de aquel.

Andalucía, conquistada muchas veces, siempre ha terminado absorbiendo a sus conquistadores excepto en los dos casos apuntados, el último limitado a ejercer manipulación para despersonalizar al invadido pueblo creativo. No obstante, el tiempo alguna mella ha hecho, más que alguna, tantos siglos repitiéndosenos la misma «canción», apoyados en la escuela, la prensa, la propaganda, la represión.

La identidad está compuesta de varios ingredientes y no sería serio centrar el tema en una de ellas, tan sólo una parte de la idiosincrasia, del carácter y de la ***identidad*** andaluza. Porque la identidad es mucho más amplia, más extensa. La identidad alcanza a todos los detalles, todos los pormenores de la forma de ser de los seres humanos, tales como: Historia, cultura, costumbres con todas sus variantes, folklore (auténtico), arte, música, trabajo, economía.

Pero hay datos notorios y determinantes. Por ejemplo: la ciencia ha demostrado la variedad, calidad y exquisitez de la cocina andaluza, reconocida dentro del Estado como la segunda después de la vasca. Euskadi tiene muy buena cocina, nadie lo niega, pero es «natural» que la andaluza sólo pueda llegar a ser la segunda. ¡Faltaría más!, la de sus platos variados, la atención de una concha de aceitunas o del agua fría del grifo contiguo al de la cerveza, iniciativa inequívocamente sevillana, extendido a posteriori a la mayor parte del territorio estatal.

No es lo único, hay cosas peores. Una musiquilla con aligerado sonido aflamencado, a veces un compás de 3 x 4 simple, lejanamente asimilable en parte a la rumba, hace decir a los conquistadores que el flamenco no es andaluz. La afirmación, rotunda, es de la presidenta de la Comunidad de Madrid, ante las cámaras de TV y demás informadores, a principios del mes de agosto de 2021. La señora Ayuso ha llegado a pretender nominar a la villa de Madrid como «Capital mundial del Flamenco».

Por la misma razón puede leerse en un diccionario enciclopédico: «Gustavo Adolfo Bécquer, poeta *castellano* del siglo XIX». No es el único hurtado a Andalucía, son muchos los nombres cuya procedencia andaluza se oculta o se falsea. De forma quizá inconsciente pero coherente pocas, muy pocas veces se cita a un autor andaluz como andaluz. Por el contrario se le adjudica el epíteto de «español», o como en el caso citado, castellano, y hay ocasiones en las que se le metamorfosea, como en el caso de

Velázquez: hay pocas referencias, si es que hay alguna, que no se preocupe de destacar que parte de su familia era de procedencia portuguesa; en eso se insiste, se puntualiza y se resalta como si con eso pudieran menoscabar su condición de andaluz. Debe ser una reacción inconsciente que más aún es una grave denuncia. Por fortuna, la intención de ocultar su procedencia se les vuelve en contra.

Merece la pena descubrir y separar lo auténtico de lo falso, de lo manipulado, de lo disfrazado. Delimitar y dejar claro a la vista nuestra auténtica fisonomía, nuestra identidad, la que se nos esconde cada día y se nos intenta ocultar, deformar, malformar, manipular, tergiversar para conseguir que, por fin, dejemos de ser nosotros para ser lo que *otros* necesitan que seamos: su reflejo, sus seguidores, sus servidores. Si consiguen despersonalizarnos, arrancar nuestras raíces, romper nuestra fisonomía y nuestra idiosincrasia, si consiguen cambiarnos como a ellos les interesa que seamos, nos habrán vencido.

Habrán destrozado nuestra identidad.

Nos habrán dejado sin identidad.

Si nos dejan sin carácter, sin historia, sin lengua, sin imaginación, sin creatividad, habrán hecho autómatas de nosotros. Nos habrán dejado sin futuro.

Porque **quien no tiene pasado no tiene futuro**.

Ya lo dijo Orwell. A quien se le niega su pasado, su pasado se le oculta, se le enmascara para impedirle conocerlo, se le niega para impedir que pueda aprender de él. Para imposibilitar que pueda reivindicarlo y recuperar su valor, sus valores.

Se niega su pasado a los territorios colonizados, se les manosea, se les disfraza, se le reprime, se les enmascara, de les desnaturaliza para impedirles que puedan seguir tejiendo su futuro.

Evitarlo y mantener nuestra identidad está en nuestras manos. Sólo nosotros, andaluces, podemos deshacer esa tela de araña tejida en torno nuestro para esconder nuestra personalidad y hacernos creer que es enteramente dependiente de un supuesto «estilo español», «espíritu español». Para desterrar ese concepto falso, interesado y corruptor de la verdad, precisamos conocer y reconocer nuestro **yo** colectivo. En una palabra: nuestra **identidad**. Es necesario recuperar aquellas costumbres, artes, genio, cultura que pudiéramos estar perdiendo de forma real o ficticia.

Ese concepto falso se combate poniendo en valor todos nuestros valores.

Sólo entonces podremos estar orgullosos de ser capaces de defendernos, de defender nuestra identidad, de defender los derechos que nos asisten.

De ser nosotros.

Porque somos lo que hacemos.

El mundo es un bucle continuo, y lo que somos y hacemos está inspirado *en lo que hemos sido*, y motivado por lo que hemos hecho.

Cuando reiteramos «*los pueblos que no conocen su historia están **condenados** a repetirla*[3], damos una advertencia: no conviene caer dos veces en la misma piedra. Y no es que la historia sea tan negativa como para huir de «*caer en la misma piedra*» es que junto a los aciertos del pasado están también

---

[3] Frase de Winston W. Churchill

sus errores, que junto a las buenas relaciones con otros pueblos, nos encontramos con desencuentros, a veces graves, unos provocados por culpa propia, otros motivados por el ansia expansionista de algunos de esos otros, por el deseo de poseer nuestras riquezas por otros pueblos que, al invadir un espacio distinto al suyo propio pueden estar aportando civilización y haciendo progresar a la humanidad, como en gran medida ocurrió con la expansión de Roma, o pueden estar detrayendo cultura, arte y economía para dejar pobreza. Invasores que se llevan mucho más de lo que traen, que pretenden apropiarse de la historia y la cultura del pueblo o los pueblos conquistados y lo único que son capaces de conseguir es ocultarla. Trataremos esta cuestión con mayor detenimiento más adelante.

Cuando hablamos de historia no hablamos de hechos que pasaron «y ya está». No procede decir: «lo pasado, pasó, pensemos mejor en el futuro» porque ambos conceptos están más conectados entre sí de lo que puedan querer creer quienes tienen tan grave atrevimiento. Ya nos hemos referido más atrás a Orwell y el concepto reflejado en su libro *1984*: «*a quien privan de su pasado privan también de su futuro*».

II
Identidad eres tú

Permítase el trasvase, una referencia a la poesía del padre del modernismo, el poeta Gustavo Adolfo Bécquer, injustamente encasillado en el romanticismo sin ser romántico, que también es parte —el poeta y la poesía— justificadamente integrante de la identidad de Andalucía. Porque Identidad es el conjunto de atributos, razones, respuestas, reacciones que define a cada persona y a cada pueblo. Como el carácter puede haber distintos grados, una parte de la identidad puede estar más o menos definida, puede ser muy intensa o estar más diluida en dependencia de las posible influencias recibidas por su propia evolución o porque recoja más rasgos de distintas identidades ajenas. Las más de las veces esas influencias ajenas han tenido lugar forzadas por la irrupción de un pueblo ajeno en su territorio y algo se ha quedado, unas veces más otras menos según el grado de civilidad del que disfrute el invasor.

Puede definirse de forma resumida que identidad son los rasgos definitorios del ser humano, su forma de ser, de estar y de comportamiento, si hablamos de personas. Cuando se trata de pueblos también encaja la definición anterior: identidad es aquello que le da forma. Aquello que lo define y personaliza.

La Historia es uno de los primeros elementos a tener en cuenta a la hora de analizar qué es la identidad, qué elementos la forman. Eso explica que cuando se quiere enterrar, anular la identidad de un pueblo, lo primero que se le oculta es su historia. Se le oculta, se le disfraza, se le manipula, porque un pueblo sin pasado es un pueblo sin futuro. Se repetirá y se razonará el concepto a lo largo de este libro.

Identidad no es tan sólo un concepto filosófico de mayor o menor altitud supuestamente erudito y científico. Claro que es un concepto filosófico y científico, lo que no es, es pseudo-científico. La identidad es una forma de vida, abarca a cada detalle de la vida diaria, desde la reacción ante el nacimiento y la muerte, hasta la comida.

La identidad es lo profundo y se compone de diversos elementos. Por eso puede haber matices en ella, o puede ocurrir que un detalle concreto se haya deformado. Pero en lo esencial se mantiene el principio: lo esencial de la identidad es inalterable. Puede quedar ignorada por acción de elementos exteriores, pero se mantendrá dormida y podrá ser despertada en cualquier momento en cuanto se dé alguna motivación.

La identidad define, distingue.

Distingue unas identidades de otras, con lo que permite identificarlas. No sirve para diferenciar, sirve para conocer, para reconocer. Y en consecuencia, para respetar. Porque la identidad es el ser humano y tanto el concepto, como la persona, merecen respeto.

No hay identidades más altas o bajas, más fuertes o débiles, mejores o peores. Hay identidades. Detalles, elementos que definen e identifican a quien los porta.

La identidad distingue y también hay identidades distinguidas.

Elegantes, para hacerlo más cercano.

El estilo y la elegancia se llevan, no están en el vestido, que puede ser elegante pero no estar bien llevado y viceversa. Porque la elegancia, el estilo, es de la prenda, de quien la ha diseñado, pero antes que nada es de quien la luce, porque se puede ser muy elegante vistiendo ropa de lo más corriente. La elegancia, la dignidad, el buen gusto, el estilo en definitiva, es algo inherente a la persona en forma singular. Aunque las singularidades pueden sumarse y entonces alcanzan categoría común, de grupo. De pueblo. Pero lo más notorio es que la elegancia, el estilo, se establezcan en una forma de vida y de comportamiento. Es el caso de Andalucía y si hubiera alguna envidia que comprendan: negarle el valor a unos no lo va a sumar a otros.

La distinción y la elegancia no se limitan al vestido, ni a la forma de vestir ni a la de lucir la ropa. Se refiere a la forma de comportamiento, a la forma de enfrentarse a la vida y a los demás. Elegancia es un concepto que trasciende cualquier limitación concreta para abrirse a todo el comportamiento humano. Por ejemplo: la elegancia de Argantonio es indiscutible cuando ofrecía tierras a los griegos perseguidos por el Imperio persa o cuando negociaba amistosamente con los fenicios instalados en su suelo. Aún en el caso muy poco probable de que la instalación de los fenicios fuera anterior a la formación del Estado tartesio, es sabido que nunca avivó diferencias con ellos y siempre los trató con cortesía.

Ese estilo, esa distinción, ese trato distinguido, es una constante en Andalucía desde el principio de la historia, según puede verse y se razona. Es producto de su personalidad, su forma de darse a conocer, de darse a los demás.

En definitiva es una de sus señas de identidad más marcadas.

Esa capacidad de recepción, ese buen hacer con el visitante perdura hoy porque es una seña de Identidad.

Los factores que forman parte de la identidad son *cualidades* y *calidades,* conceptos, aspectos conscientes o personales de los que podemos destacar: arte, carácter, comida, conformación del territorio, cultura, comportamiento, estilo, espiritualidad, forma de enfrentar la vida, historia, idiosincrasia, música, sentido del humor, trabajo. Muchos de estos factores pueden ser más o menos fáciles de moldear o de influir en ellos. Más o menos fácil deformarlo o difuminarlo; las circunstancias políticas y educativas pueden influir, de manera que con el tiempo esos rasgos puedan quedar parcial o casi totalmente difuminados. Esto se pone en marcha normalmente, cuando una comunidad o una minoría dominante requiere borrar o anular la personalidad de una comunidad o una mayoría dominada.

Un ejemplo: si un grupo invasor impone a los invadidos todas o alguna de sus normas y costumbres, esa o esas normas y esas costumbres o alguna de ellas terminan por hacer mella en la sociedad dominada. Alguna incluso puede imponerse y con el tiempo ser aceptada como norma, por ejemplo el idioma. Entonces se convierte en costumbre propia de ese colectivo que puede seguir dominado, o no pero esa norma, el idioma hemos utilizado como ejemplo, es adoptado por el colectivo indígena u originario. Pero en estos casos se suele dar una dicotomía: y es que la norma o costumbre anterior —el idioma en nuestro ejemplo— se mantiene normalmente difuso, se producen mezclas. Entonces es cuando de una identidad clara mezclada con una impuesta se produce una nueva identidad, sin que por ello desaparezca completamente la anterior.

La identidad se tiene aunque se ignore o se desconozca, se lleva y se practica hasta cuando se objeta. Hay un novelista, José Leyva, que, en aras de ser considerado «universal» rechazó que se le considerara andaluz aunque era andaluz, de Sevilla, como si no se pudiera ser universal habiendo nacido en Andalucía. Otro, más conocido, el poeta Antonio Machado, exaltó la grandeza que veía en otras comunidades, al tiempo que minimizó y rehusó la cultura andaluza hasta despreciarla como hizo en su verso «la Saeta», muestra de la mayor ignorancia de una filosofía, y del hecho que contaba, pues *er Señó* de los gitanos de su ciudad, Sevilla, no necesita que nadie le quite los clavos, porque lleva la cruz al hombro.

Sin embargo, basta leerlos, su estilo, su forma de escribir, *su espíritu*, es plenamente andaluz. No lo pueden negar, destilan Andalucía.

En la medida en que la identidad es un concepto personal y distinto en cada persona y cada grupo, en bastante proporción es algo entendido de forma particular en muchos casos y por la misma razón manipulado o, cuando menos, interpretado según parecer de cada intérprete, sobre todo si se busca adaptarlo al interés personal de cada una y cada uno, o como se ha dicho, para anular su personalidad en beneficio de una fuerza exterior. La identidad también puede ser manipulada como cualquier palabra y como cualquier estado o actividad del ser humano. Y en ocasiones llega hasta a ser negada.

La identidad, por otra parte, no es un valor inamovible, lo cual no es ni bueno ni malo pero puede ser ambas cosas, según los casos. Todo se puede mejorar, aunque en lo referente a identidad mejor se puede decir afianzar o reforzar. Y también se puede perder en parte. Con mayor exactitud, se puede ir perdiendo. Normalmente perder la propia identidad se acerca más a una tragedia que a una ventaja. Pero lo cierto es que el contacto con otros grupos, la ilusión ficticia de considerar positivo copiar otras costumbres, la educación dirigida desde gobiernos interesados en anular la identidad de determinados colectivos o comunidades, la propaganda hecha con el mismo objetivo, el complejo inducido de que lo de fuera es mejor que lo propio, de hecho actúan y en el caso andaluz vienen actuando hace tiempo con el propósito de disminuir o si fuera posible anular, eliminar totalmente el grado de identidad propia de los andaluces.

Obnubilar, empequeñecer o anular por completo la identidad de un pueblo, es uno de los mejores mecanismos, si no el mejor, para doblegar su voluntad y hacerlo creer que es algo distinto a lo que realmente es. Despersonalizar a sus colonias, eliminar o debilitar su identidad, es el mecanismo utilizado por los estados dominantes sobre las naciones y los pueblos dominados para prolongar la dominación, para mantenerla.

En lo escrito en el párrafo anterior reside la importancia de conocer la propia identidad y asegurarla. No somos lo que somos porque sí, no por capricho de la naturaleza, no por casualidad. La identidad se ha fraguado, nunca mejor dicho, a base de tiempo y trabajo. Las costumbres se han hecho pauta. Las circunstancias han dado nacimiento o han modelado a las costumbres con lo que se ha formado el carácter, la identidad. La lucha por la vida y la distinta forma de entenderla, han creado un espíritu concreto y le han dado forma. Con todo ello, por fin, la personalidad se ha establecido.

Si la identidad es el conjunto de vivencias de una persona y de una comunidad, en el caso de la Comunidad es evidente que todos los elementos, todos los percances con que ha debido enfrentarse, las invasiones sufridas y todos los contactos, positivos y negativos, han laborado en la definición de su identidad.

Pero hay que tener cuidado para no mecerse en el tópico, el tópico de lo incompleto, el del «crisol» de culturas que «ha modelado nuestra personalidad.» Es evidente que el encuentro de cuatro siglos con **lo** latino, o de ocho con **lo** islámico, han coadyuvado a modelar nuestra identidad, como también han ayudado en menor medida la resistencia a vándalos, visigodos y castellano-leoneses, o en menor medida aún, la resistencia a las tropas napoleónicas que, sin embargo al mismo tiempo, posibilitó el encuentro con las ideas de la revolución francesa, ambos elementos dispares y contrapuestos entre sí.

La identidad andaluza no se limita a ser la suma de las identidades de los pueblos que han pasado por aquí, o se han mantenido aquí más o menos tiempo. Para empezar el tiempo real que los godos dominaron Andalucía es aproximadamente el diez por ciento del que estuvieron en la península, y a mayor abundamiento, su influencia fue menos que mínima. Hecho comprensible porque la cultura de los godos era infinitamente más pobre que la de la población autóctona y además nunca se mezclaron con ellos, dado que se consideraban superiores y la población hispano-romana nunca tuvo interés en mezclarse con quienes los hacían trabajar para ellos en régimen de semi-esclavitud. Porque los godos se quedaban con las dos terceras partes de todo lo que produjera la tierra (agricultura y ganadería). Pero ellos no la trabajaban; se lo quitaban directamente a los productores autóctonos.

Aunque las condiciones son muy distintas, ocurre algo parecido aunque a gran distancia y diametralmente opuesto con la etapa andalusí o de permanencia de **lo** islámico en Andalucía. Y eso a pesar de que las condiciones de vida y de convivencia fueron diametralmente opuestas a las sufridas durante la ocupación visigoda. En esta etapa los emires y califas actuaban como reyes de todo el conjunto de la población. Lo único que podía señalar, no dividir, a la gente, era la religión, tan escasamente dividida, salvo algún intento de martirologio voluntario. Tuvo mayor penetración el entendimiento, la tolerancia, al permitir que en poblaciones pequeñas, con un solo lugar de culto, fuera iglesia, mezquita o sinagoga, se utilizaba los viernes, sábados y domingos, para el culto musulmán, judío o cristiano, respectivamente.

Pero la influencia personal no pudo ser nada importante, dado que el número máximo de emigración entre árabes, moros, sarracenos, sirios y eslavos, fue de unos quince mil, que accedieron a la península durante los primeros doscientos años de Emirato-Califato. Sí hubo influencia cultural, sin duda.

Pero se da la «casualidad» de que la cultura llamada «árabe», en realidad es siria. Y Siria (la histórica, no en sus fronteras actuales) era un reino helénico, su cultura era griega. Por lo tanto cuando llegó a Andalucía, la antigua Tartessos-Turdetania, lo que se dio fue un re-encuentro de culturas, evolucionadas, pero con una raíz común. Otra cosa son las invasiones de Almorávides y Almohades, que no eran tan numerosos —los ejércitos en la Edad Media no eran tan grandes como en la antigüedad— y además los que no volvieron a África terminaron por integrarse en la sociedad andaluza y adoptar sus costumbres, **su identidad.** Tanto almorávides como almohades, guerreros bien entrenados, no traían una cultura tan sólida ni comparable a su fuerza militar. Y ambos fueron absorbidos por la cultura andalusí; nunca al revés. Que las construcciones guarden cierta similitud, no supone necesariamente que fueran copiadas *en* Andalucía ni exportadas desde sus lugares de origen por guerreros ni emigrantes. Es más: Andalucía también aportó su estilo a la arquitectura siria, mal llamada árabe.

Si la identidad andaluza fuera la suma de las identidades de los pueblos que han pasado por aquí —en realidad romanos y procedentes de Oriente Medio y del Norte de África, los demás no podían dejar gran cosa— Andalucía tendría mérito doble porque se habría creado una identidad, una cultura original a partir de otras, distintas entre ellas. Pero no debe confundirse *influir* una cultura en otra, como por fuerza debió influir Roma, con interpretar que la segunda es procedente y dependiente de la primera. Eso sería ridículo, porque supondría que ese pueblo, en este caso Andalucía, no existiría hasta la llegada del que ha ejercido la influencia o ha cambiado su cultura por la de los ocupantes de su suelo, cosa plenamente improbable en una cultura ya consolidada, con varios siglos de existencia, como era la tartesio-turdetana. Pero es que, además, ya se ha dicho, la mayoría de aquellos pueblos como vándalos, godos o castellanos, no podían aportar una cultura propiamente dicha, pues la andaluza era mucho más sólida que la suya y la de los árabes o musulmanes era siria como la romana tenía una fuerte influencia griega. Todo lo más podían ser receptores de la influencia andaluza, en unos casos. En otros simplemente compartieron una cultura que con el tiempo derivó en dos ramas distintas, una en cada extremo del Mediterráneo.

La Identidad es tomada en ocasiones como una definición. Nada más. Como si fuera un mineral, o el agua o el aire. Estos también son conceptos del máximo interés, de la mayor importancia, pero sus fórmulas se conocen y se recitan como una rutina. Al nombrarlos, incluso al disfrutarlos, como es algo habitual no siempre se les valora o la valoración es relativa. Lo mismo ocurre con la Identidad. Pero ser lo que somos, lo que es cada cual, cada persona y cada grupo humano, es nuestra **Identidad**. Y como identidad que es, es la base del género humano. La identidad engloba nuestro ser. Nuestro ser humano. Y, aunque puede ser diseccionada, como aquí se está haciendo, en realidad no es necesario o no debería serlo, porque abarca a todo.

La mente y las condiciones de vida de cada pueblo han dado lugar a un modo de enfrentar la existencia, de aplicar soluciones adecuadas, han modelado el carácter, ayudado por las circunstancias que lo han acompañado. Entonces aparecen una serie de factores, de detalles, de normas, de formas, que todos juntos configuran la identidad, lo que nos da categoría de grupo. Los matices no desdicen de la identidad, sería absurdo y disparatado pensar que pequeñas apreciaciones que personalicen a zonas concretas, formen una identidad distinta si coinciden y se mantienen los elementos fundamentales de la identidad del grupo. La identidad es como un gran mosaico: cada detalle, cada loseta del mosaico se distingue de las demás, pero todas juntas lo forman y, en su conjunto, es posible distinguir a la perfección su diferencia o sus matices con otros mosaicos.

Como en el caso del mosaico, la identidad *identifica, personaliza, distingue, crea grupo, sintetiza y diferencia al grupo entre otros grupos.* La identidad es el mosaico, pero un mosaico no es un todo idéntico, no es un único dibujo ni un cuadrado en un solo color. Los seres, dibujos, figuras, símbolos, detalles que lo componen, son elementos que forman parte del mosaico como la forman de la identidad. En cualquier mosaico, unas veces estarán más definidos unos detalles, en otras ocasiones resaltarán otros, pero mientras sea posible hablar del mismo conjunto, incluidos sus posibles matices y colores, estaremos forzosamente, quiérase o no, seamos conscientes de ello o no, ante una identidad concreta y completa, que a su vez es perfectamente diferenciable de otros mosaicos, de otras identidades.

Esto ocurre de forma especial con las entidades político-sociales que gozan de una personalidad diferenciada, porque se han formado en el tiempo en un ambiente concreto. En puridad, la identidad se da con intensidad en colectivos que tienen vivencias en común, un pasado común, elementos comunes. Por eso mismo en cuanto se analiza mínimamente, se puede ver que no existe una identidad española; no hay una serie de factores coherentes con un principio común a todo el Estado.

Hay dos factores a tener en cuenta: en primer lugar puede haber alguna Comunidad que haya tomado, copiado, aprendido detalles de otra. Eso no desdice de su diferencia, en tanto se trata de factores sumados a la primera Comunidad pero tomados de la segunda. En segundo lugar, por la forma de articular el Estado español, como ya se refiere en el primer capítulo, no existe una Nación. No hay nación porque no hay coherencia, no hay más ligazón que la política, más que el hecho de disponer de —o soportar a— un mismo gobierno, una sola Administración que, para colmo, se esfuerza en establecer y agrandar diferencias entre las comunidades-entidades insertas dentro, para afianzar su acción centralizadora. Como consecuencia de esa política centralista, la división administrativa del Estado español se hizo sin respeto a los grupos humanos, que fueron divididos, troceados en 1834 para trazar unos límites artificiales caprichosos, que sólo se han instituido por obligación, por la necesidad forzada de dirigirse a una capital de provincia, o la imposición de escribir el nombre de la capital de provincia en el anverso de un sobre. Hoy, aunque muchas gestiones se pueden hacer por medios telemáticos, la idea de provincia predomina en muchas mentes y en especial en los medios de comunicación, que confunden la capital con la totalidad de la provincia. Se produce la simbiosis provincia-capital, que será tratado en detalle en el capítulo correspondiente a las comarcas y se ignora a las poblaciones, ciudades, pueblos o villas, entidades que también existen.

La Identidad tiene una parte sólida, inamovible, intrínseca. Es el carácter, el fondo. La otra parte, aunque también es sólida, es la que puede ser removida por elementos externos, porque se va formando en el tiempo. Es la forma. El desarrollo, la manifestación exterior de la identidad. Esto hace posible, como acabamos de afirmar, que esa parte externa de la identidad, esa forma de mostrarnos a los demás, pueda sufrir modificaciones o más que modificaciones propiamente dicho, ajustes. Que pueda recibir influencias externas capaces de ajustar, o incluso de modificar parcialmente las señas de identidad de un individuo o de una colectividad. Pero la base íntegra y los rasgos esenciales de su propia evolución se mantienen vivos, aunque se hayan adoptado algunos rasgos —costumbres, formas, preferencias— llegadas desde el exterior. Pueden valer como ejemplos, aunque salvando las distancias: se pueden adoptar como una nueva tradición, sin tener tradición, la figura de Papá Noël, el «black friday», o el «Halloween», pero se suman, no sustituyen a los Reyes Magos, ni a las rebajas de temporada, ni a llevar flores a la tumba de familiares y amigos. Estas nuevas costumbres pueden incidir a veces en las propias, pero no les quitan intensidad, ni mucho menos las pueden anular. Eso ocurre con la Identidad. Costumbres y normas importadas pueden sustituir en parte y temporalmente a las propias, pero difícilmente las anulan. Incluso cuando algo llega a quedar olvidado o ignorado, la base se mantiene incólume, lo que permite recuperar la parte de identidad perdida en cuanto el individuo se lo propone.

Son diversas las circunstancias que pueden contribuir a menoscabar la identidad o una parte de ella. En particular el desarrollo político, el trabajo desarrollado por la propia Administración para imponer una idea, aunque no sea la auténtica, que por lo general no lo es. Por ejemplo, la división administrativa en cuarenta y nueve provincias hecha en 1834 y ampliada a cincuenta en 1837 que se ha comentado. Se tratará más adelante y se analizará el perjuicio de todo tipo hecho a Andalucía, que ha llegado a imponer un cambio, un ajuste sustantivo en la mentalidad, esto es, en la identidad del pueblo andaluz.

El invasor intenta anular la identidad de los pueblos invadidos para robar su memoria. Esto es lo primero, al invasor le interesa que el invadido se olvide de quien es para que no reclame ni intente recuperar su posición perdida. A continuación se apropia esa memoria para hacer creer que el invadido es como es porque lo ha aprendido precisamente de sus ocupantes, de quienes han prostituido su identidad. Cuando consiga hacerlo creer será cuando haya ganado definitivamente, porque habrá anulado por completo la voluntad del oprimido.

Otro mecanismo que todavía está contribuyendo, como el anterior, a disminuir, a reducir y menoscabar la identidad, ha sido la negación de la propia existencia de Andalucía llevada a cabo por los partidos españolistas, tanto de derecha como de supuesta izquierda, desde 1974 —y desde antes, ya se habían decantado por el centralismo en la II República y antes, en las etapas monárquicas—

momento este de 1974 en que con la formación de la Junta Democrática y posteriormente la Plataforma de organizaciones democráticas, empezaron a prepararse para el posible advenimiento de un régimen político de corte democrático en la previsible sustitución del régimen totalitario impuesto por el general Franco, aunque con visibles errores de concepción por la naturaleza centralista del órgano citado y la admisión de componendas con el poder establecido hasta entonces, que nos han llevado a la actual situación de democracia muy limitada, como veremos más adelante en el capítulo correspondiente.

Todas estas cuestiones se tratarán a continuación en capítulos específicos para cada una.

Qué identifica a Andalucía

Si seguimos la investigación de Carl Gustav Jung, uno de los alumnos aventajados de Sigmund Freud y su referencia al inconsciente colectivo, el ser humano almacena en una parte de su cerebro todas las experiencias vividas y las anteriores a su propia existencia. Es un conocimiento inconsciente, por eso esa parte se llama así, pero ahí está, guardado, dispuesto a hacerse relativamente visible cuando llega el momento.

Si realmente existe el inconsciente colectivo (también llamado subconsciente), y parece que sí, se trata de unos recuerdos, unas experiencias no vívidas, no presentes, que por esa razón no se manifiestan con toda plenitud. Si no podemos recordar con detalle y al mismo tiempo todo lo que hemos hecho, lo que nos ha ocurrido a lo largo de toda nuestra vida, mucho más difícil será que podamos tener presente lo que ha ocurrido antes de nuestra existencia, desde el principio de la historia. Esos hechos estarán como una nebulosa. Pero, aquí está la cumbre de la teoría de Jung, sobresalen, los ponemos en marcha de forma también inconsciente, en teorías, creencias y preferencias. Y a la hora de pensar algo, un acto, una actividad, vivir un problema o poner en marcha una aventura, el recuerdo correspondiente se hará visible en forma figurada. Eso explicaría determinados comportamientos y, en especial, la continuidad existente en los gustos, decisiones, formas de comportamiento de las distintas sociedades o grupos humanos. Es una herencia que se percibe y se manifiesta de forma inconsciente. El recuerdo no es nítido, pero lo cierto es que el grupo actual de personas manifiesta su preferencia su gusto por hechos que vienen acaeciendo desde tiempo muy pretérito.

El inconsciente colectivo sería el conjunto de vivencias que nos unen al pasado. La familia, la formación, la enseñanza, la información, completan ese amplio abanico y lo traen a la actualidad.

Formación, educación, enseñanza, información, son la base de toda sociedad, el primer pilar de nuestra existencia y ayudan a conformar el carácter de los seres humanos. No lo hacen, no lo crean, si acaso lo modelan, lo adaptan a la circunstancia. El carácter va con cada cual, viene *de fábrica,* queremos decir, *nace con nosotros*. La formación y la información nos ayudan a moldearlo y a mejorarlo, aunque también algunas veces esa formación sirva para empeorarlo, para perder parte de ello.

Todo esto se materializa en nuestra Identidad.

Son nuestra Identidad.

El carácter abierto, amable, afable, la entrega a los demás son una constante en la historia de Andalucía. Y aunque no falte quien quiera ver tópico aquí —en otro capítulo se trata específicamente el tópico— son los aspectos externos que identifican al pueblo andaluz. El andaluz es alegre y bromista, pero —esto extrañará a mucha gente— es serio y no es un buen contador de chistes.

El andaluz es ocurrente, pero no es un conjunto ni una colección de bromas, no es *per sé* un humorista. Eso nace y se hace y el humor, por fortuna, no es exclusivo de ningún pueblo. Otra cosa serán el tipo de humor y, más importante aún, el *sentido del humor*, del que no todo el mundo disfruta. El sentido del humor permite ver las cosas con alegría, jocosidad, optimismo, burla, o lo contrario, que serían la tristeza y el pesimismo. En el carácter andaluz abunda sobre todo lo primero, pero —ya llegó el «pero»— hay quien lo confunde con vacío, irresponsabilidad, indiferencia. No tendría sentido pedir a nadie que cambie, pero vendría bien revisar ese concepto tan estrecho y opresor.

Los aspectos internos son, fundamentalmente, la profundidad de esos mismos sentimientos, que son todo lo contrario de una claudicación ante el visitante ni aún menos ante el invasor. El andaluz puede seguir siendo amable con el visitante, pero se rebela ante el invasor. De ahí la necesidad de este último de establecer un dominio duradero, permanente si es posible, para impedir que el dominado, el andaluz en este caso, pueda resucitar su carácter, recuperar su Identidad, liberarse de la dominación.

Precisamente esa afabilidad muchas veces es confundida con *dependencia.* Craso y lamentable error que lleva a los equivocados a tachar de *volubles* a los andaluces, cuando en realidad de lo que se trata es de que la amabilidad debe administrarla quien la da, no la puede marcar quien la recibe. Y una persona servicial es una persona que se presta a ayudar a otra, pero no es su criado.

Hay quienes, al ser recibidos con amabilidad, imaginan haber conquistado a quien la ofrece; entonces les molesta que esa amabilidad, esa entrega no continúe dándose en la medida en que a él/ella o ellos les gustaría. Por haber recibido buen trato se consideran con derecho a exigir, con libertad para decidir, para imponerse a quien le ha otorgado un buen recibimiento. Creen que Andalucía se deja ganar y confunden amabilidad con falta de personalidad. Entonces se llevan la sorpresa.

La identidad de Andalucía es como la casa andaluza: el patio central se puede ver desde la calle, una cancela lo permite y al mismo tiempo impide la entrada. Si el visitante, por haber visto el patio, interpreta que ya conoce la casa por dentro, se equivoca y cualquier juicio que emita, fácilmente será equivocado. La entrada es voluntad de los propietarios, que decidirán si dan acceso al interior. Aun así, es muy posible que accedan a mostrar con más detalle el patio y todas las zonas comunes, pero será muy excepcional y extraño que enseñe las habitaciones, como nadie muestra la parte más íntima de sí mismo. Esas puertas entreabiertas, vistas desde fuera o desde el propio patio, ni totalmente cerradas ni totalmente abiertas, son *el interior,* la interioridad, la profundidad del sentimiento, algo personal que nadie tiene por qué mostrar ni poner en manos de los demás y mucho menos permitirles penetrar en esa interioridad.

• • •

Aún a riesgo de ser mal interpretados, con la intención de poder explicarnos con toda propiedad qué es la Identidad y qué se puede o se debe considerar integrante de ella, se describen a continuación por separado, en relación no exhaustiva, aquellos elementos, o calidades y cualidades que la conforman a nuestro entender, elementos que, en todo caso, pueden servirnos de punto de partida para un estudio más profundo.

Algunos de estos elementos pueden considerarse inalterables, en el sentido de que se mantienen incólumes pese al tiempo y cualquier intento de despersonalizarlos; pero algunas características se han podido suavizar con el tiempo, o se han deformado por acción de la convivencia y otros factores menos dignos.

También se tratan, al mismo tiempo, las maniobras, la forma en que se ha intentado y se intenta desproveer de su identidad al pueblo andaluz para hacerlo olvidarse de sí mismo y así posibilitar su dominio. Por eso cada vez oprimen más, cada vez aplican una nueva *vuelta de tuerca*, en busca de hacer permanente la dominación.

Algunos rasgos identitarios son susceptibles de verse alterados o modificados por la acción de elementos externos, como por ejemplo la importación de costumbres extrañas a nuestra idiosincrasia, o sobre todo el ya citado esfuerzo de algunos gobiernos estatales, el de España en particular, para minimizar, distorsionar y eliminar la personalidad de sus comunidades, caso de que eso fuera posible. No lo es, yerran con frecuencia, pero lo siguen intentando. Se contentan con ocultar, con obtener pequeñas victorias temporales y vuelven a la carga cuando la Identidad silenciada sale de nuevo a la superficie.

Estas intervenciones públicas a favor o en contra de una parte del Estado, de una Comunidad o una ciudad, se hacen con la insana intención de modificar sus ideas e ideales, fundamentalmente de anular sus recuerdos lo que incluye anular su conciencia y su consciencia. Por medio de dichas intervenciones se condiciona a la gente —o al menos se intenta aunque cueste, no se olvide que el gasto del gobierno es el del Estado— para que modifiquen su comportamiento y su memoria histórica o inconsciente colectivo. Y siempre se le perjudica con la convicción consabida, de que es difícil pensar con el estómago vacío. Por eso se busca ese perjuicio, del que unas páginas más adelante puede verse un breve y limitado muestrario.

Todo cuanto entendemos como partes integrantes de la Identidad, se enumera a continuación y se describirán posteriormente en sucesivos capítulos y epígrafes:

Agricultura, alimentación, arte, carácter, conformación del territorio, comercio, comportamiento, cultura, estilo, forma de enfrentar la vida, forma de hablar, historia, idiosincrasia, industria, lenguaje, música, preferencias, sentido del humor, trabajo, vestido.

Añádanse posibles olvidos.

Identidad es ser uno mismo, es la cualidad del ser humano.

Identidad de un pueblo es lo mismo, aplicado a ese pueblo. Es aquello que nos define y, al definirnos, nos diferencia.

III
Con políticos hemos topado

Lo peor que le puede ocurrir a una persona culta y refinada es caer en un ambiente de incultura, brutalidad y desinterés. Un ambiente dónde se cultive la ignorancia y se reverencie a la violencia. Sería una situación mucho más que incómoda, difícil de soportar, pues, aunque pueda ser más fácil embrutecerse que cultivarse, esa presunta facilidad se hace dificultad cuando se parte de una formación, preparación y capacidad elevadas

Aunque el ejemplo pueda ser una *metástasis* en cuanto traslación de un problema, parecido a él es la situación de Andalucía, forzada a aceptar y adaptarse a un régimen autocrático, a un sistema militarista e intransigente. Porque, aunque la democracia haya llegado al Estado español se trata de una democracia incompleta, inacabada como queda demostrado en la proclamación de ciertas leyes en evidente antagonismo a la Constitución vigente, la negativa de las fuerzas conservadoras a reformarla o la constante oposición al cumplimiento de ciertos conceptos constitucionales, como el derecho a la vivienda, a la sanidad o el de manifestación, continuamente conculcados por las autoridades, o a hacer partícipes a los trabajadores de una parte del beneficio empresarial, entre otros factores.

La costumbre, la *norma,* la memoria y la experiencia del español medio es pobremente democrática. Durante toda su historia ha vivido y sufrido retrocesos sociales con unos reyes y gobiernos centrados en guerras exteriores e interiores, imposición de regímenes totalitarios, golpes de estado reaccionarios, y contragolpes cuando el momento político intentaba una recuperación democrática.

A día de hoy la derecha política considerada «civilizada» es la más virulentamente extremista de toda Europa; incluso supera a la extrema derecha de los estados del Este. En consecuencia derecha y ultra derecha —entre las que no existe realmente verdadera diferencia ideológica ni estratégica— no podían ser menos que ultra defensores del capitalismo monopolista español, europeo y norteamericano, aunque sin embargo, tanto unos como otros se llaman a sí mismos «liberales» manchando esta palabra y confundiendo su significado, porque el liberalismo desapareció, justamente cuando se impuso el capitalismo monopolista.

El liberalismo, bien definido en su momento, fue un movimiento progresista porque hacía avanzar a la sociedad por su empuje y mejoraba sus condiciones de vida. Pero ya, en 2021, llamarse liberal es un lujo extremo porque se llaman a sí mismos liberales los que sólo entienden la libertad en una dirección: la suya. Han detenido el progreso y han dado marcha atrás al supeditarlo todo a su particular beneficio, han confundido libertad con la capacidad o posibilidad de que los que más tienen puedan acumular más aún, haciendo más pobres a los más pobres.

Esto no es liberalismo.

Esto es capitalismo monopolista.

Libertad es una cosa. Libertad de empresa, en la actualidad, es otra bien distinta.

Keynes veía progreso en la competencia y no se equivocaba, porque la competencia existía, era real. La competencia hacía que las empresas se superaran en la producción, en los precios, en las condiciones de trabajo. Pero en nombre de la llamada libertad de mercado lo que ha hecho ha sido cercenarla. Aprovechando la libertad, hablando de ella, es decir, en su nombre y forzando mucho junto con el poder que da el tamaño de las grandes corporaciones mercantiles, el poder del capitalismo en que ha derivado el liberalismo, se está acabando con la competencia y la libertad para competir es lo que daba fuerza a las empresas. La formación de grandes corporaciones bancarias, productoras, constructoras-inmobiliarias o de servicios, no mejoran el nivel de vida, al contrario, acumulan para sí, pero disminuyen la fuerza de trabajo y con ello la creación de riqueza y anulan la competencia al convertirse en monopolios disfrazados, duopolios u oligopolios.

El trabajo de Franklin D. Roosevelt para evitar que las grandes empresas dominaran al Estado, el New Deal (Nuevo Ideal), acabó con su muerte violenta. «Demasiado grandes para caer», el concepto que él combatió, por eso puso límite al crecimiento, volvió después de su asesinato.

Y las grandes empresas, los grandes grupos, los grandes bancos, se hicieron con el poder del Estado al que dominan. En Estados Unidos, en Europa; en el reino de España.

El liberalismo ha dejado de existir. Se ha impuesto el capitalismo. Pero no cualquiera: el capitalismo monopolista.

Y ese capitalismo monopolista no necesita gente libre, al contrario, les molesta, les estorba la gente *liberal*. En general les molesta toda la gente que sea capaz de pensar.

Necesitan embrutecer a la gente, para lo cual les imbuyen sentimientos de aparente comodidad mental: «no pensar», «no preocuparse por los demás», individualismo a toda costa, no al sentimiento de grupo. Porque todo eso es perjudicial para quien su objetivo es dominar a los demás con el fin de obtener más beneficio, de acumular hasta el disparate, porque dinero significa poder. Y el poder no es una ética, no es una estética, pero es una erótica. Una erótica neurótica.

Entre otras características, esta derecha comparte, la unidad, más bien uniformidad del imperialismo territorial, que sigue la estela y se apoya en otros más sofisticados como el imperialismo económico norteamericano. Esta derecha defiende la propiedad privada de los medios de producción y, lo que es peor, de las fuerzas productivas, de los medios de comunicación, manifiesta un claro y contundente rechazo a los servicios públicos de todo tipo, por muy básicos que sean, incluso cuando reconocen su necesidad, exactamente igual que los reconocieron el fascismo y el nazismo. Para ellos se trata simplemente de mantener callada y sumisa a la masa por el miedo permanente a la fuerza obrera y popular.

Un miedo que les lleva a ejercer la mayor represión posible y que se materializa en dos niveles de forma clara y tajante, por la actitud de las fuerzas de seguridad, con una acción intimidante represiva para unos, quienes menos tienen, salvadora para otros, aquellos acumuladores de riqueza reforzada cada vez más por auténticos ejércitos privados y, de forma más suave y ladina, mediante la imposición sucesiva y gradual de normas objetivamente innecesarias, incluso absurdas y hasta negativas, simplemente impuestas para obtener sumisión. Esto es, para acostumbrar a la gente a obedecer. Valgan como ejemplos la forma de imponer sanciones a los automovilistas, que se ha institucionalizado como parte de los ingresos del Erario, más que como correctivo propiamente dicho. O el cambio de hora con el pretexto de que los países nórdicos tengan más horas de sol —pretexto fútil, porque en ese caso bastaría con cambiar la hora en esos países, pues ya, de hecho la hora no es uniforme en Europa, ni puede serlo por la extensión territorial—, o la forma vergonzosa como se ha aprovechado una pandemia para poner en marcha la reducción de los servicios sanitarios, acción que ya estaba programada cuando ni remotamente se pensaba todavía que la pandemia pudiera llegar. ¿O ya la prreveían?

La política en el Estado español está marcada por una ultraderecha económica, dueña y directora de la derecha política, que influye, asusta y anula o compra, según convenga en cada momento, a los elementos algo más progresistas, quienes, al contar con un pensamiento relativamente más abierto se atribuyen ser de izquierdas.

La derecha y la ultraderecha españolas, mucho más afines de lo que pueda parecer, asumen y defienden los postulados de las grandes corporaciones económicas, lo cual crea el ambiente que se vive en el Estado, siempre con el fantasma de la involución, de la vuelta a las leyes restrictivas y coercitivas, entre ellas la impopular «ley mordaza», que nadie se atreve a derogar, impuesta por los votos del llamado Partido Popular cuando contó con mayoría absoluta, en sustitución de la anterior ley felipista conocida como «de la patada en la puerta», suspendida por el Tribunal Constitucional. Y en este ambiente tan sólo actualizado en su paso directo del feudalismo al capitalismo, se encuentran inmersas, prisioneras, varias comunidades sometidas por el Estado español, una de ellas Andalucía, la que nos ocupa, junto a Canarias, Extremadura, Murcia y Cataluña. Una Comunidad habitualmente pacífica, rica en medios de producción, —agricultura, ganadería, minería—, muy rica, pero empobrecida por las circunstancias provocadas por este régimen que ya se prolonga durante setecientos años.

No cabe duda que este último párrafo, y otros anteriores, serán calificados de «exaltados» y «extremistas». Dicen que la mejor defensa es un buen ataque y es evidente que la oligarquía necesita calificar de extremistas a los demás para disimular y si fuera posible ocultar su particular y egoísta extremismo. Extremismo evidenciado contra la igualdad de derechos, incluso contra la equidad, más justa y razonable que lo que se ha dado en llamar igualdad. Extremismo contra la dignidad del trabajo y el salario correspondiente. Mientras las grandes compañías y los bancos se embolsan cantidades ingentes de dinero, una gran mayoría no ingresa lo suficiente para atender a una hipoteca o un alquiler. Extremismo militarista, que lleva a algunos a reclamar la intervención del ejército, como si el disponer de la fuerza de las armas le diera automáticamente la capacidad necesaria para gobernar con justeza.

Extremismo en mantener una dependencia orgánica real de la mística de la autoridad eclesiástica, hasta el punto de que la religión sea dominante, a pesar de no ser la religión del Estado desde 1979. Parece como si estuviéramos en la Edad Media y a la autoridad indiscutible e inamovible de los reyes —en la actualidad esos «reyes» serían los bancos y las grandes corporaciones económicas del IBEX-35— se una de forma indisoluble y con una especie de «patente de corso», la fuerza que las órdenes religiosas tuvieron durante aquella etapa oscura y gran parte de la Edad Moderna Tribunal del Santo Oficio incluido. Parece que la «cultura» —incultura más bien— de la violencia, la tortura, el sacrificio, elementos para el crecimiento y el disfrute de una minoría, son principios fundamentales por los que debe regirse la gobernanza de este Estado atrasado y depredador.

Todo este entramado dibujado en los párrafos anteriores oprimen en exceso a cualquier pueblo y, por supuesto a Andalucía, al que nos estamos refiriendo. Aunque en la actualidad, por las presiones ejercidas a través de todos los medios disponibles, la oposición pueda ser inconsciente, a Andalucía le es extraña esta forma de comportamiento. No hay más que recordar que ha participado en todos los movimientos progresistas y de liberación que se han dado en el Estado español (incluso en el de las comunidades, aunque el hecho sea desconocido, oculto como tantas cosas por la historia oficial), ha capitaneado muchos como la Guerra de la Independencia y ha protagonizado la mayor parte, como el movimiento Juntero, la Gloriosa o el federalismo. Quizá por esa razón los partidos políticos centralistas, españolistas, temerosos del empuje democrático de Andalucía, han hecho el mayor esfuerzo para impedir el desarrollo de una Autonomía plena, elemento que también se ha demostrado parte de su Identidad, y lo han tratado de impedir primero poniendo trabas a la propia autonomía, luego una vez obtenida a su pesar, impidiendo su desarrollo[4].

Autonomía andaluza y partidos políticos[5]

Cuando un grupo cultural activo, con menos de cien miembros en toda Andalucía, Averroes estudio andalusí, convocó a partidos, sindicatos, asociaciones y personalidades de la política y la sociedad del momento, para tratar de una actuación contundente por la autonomía de Andalucía, solamente dos organizaciones políticas , UCD y PSOE se negaron a participar en las reuniones. Cuando las organizaciones reunidas decidieron convocar una manifestación simultánea, al menos en las ocho capitales de provincia, ambos partidos continuaron negándose. Cuando el 12 de octubre de 1977 representantes del grupo **Averroes Estudio Andalusí**, en nombre de la Plataforma, acudieron a reclamar por escrito a la Asamblea de Parlamentarios, reunida por quinta vez, que se sumaran a la Plataforma, o que la convocaran ellos mismos como representantes electos, PSOE y UCD se negaron incluso a recibirlos.

Esa oposición del PSOE a reclamar Autonomía para Andalucía, no era ocasional. Ya se

[4] Del autor: "... *de aquellos polvos*" 2011, Sepha.

[5] Reproducción íntegra del artículo del autor, publicado en La Voz del Sur el 7 de abril de 2022

venía negando desde la II República, como muestran muy a las claras las diferencias de criterios y las diferencias de los dirigentes del partido con la Junta Liberalista, diferencias fáciles de observar en el cruce de cartas, en la obra escrita de Blas Infante y en las hemerotecas. Obsérvese, entre otras, la nula acogida a la campaña Pro Estatuto, al trabajo de los andalucistas y a los momentos previos a la campaña para el referéndum autonómico que debía haberse celebrado en septiembre-octubre, pasado el verano de 1936. O al boicot a la candidatura republicana en la que participaron Blas Infante y varios pilotos del aeródromo militar de Tablada.

La oposición del PSOE que desde 1974 utilizara entre paréntesis la "r" de renovado para diferenciarse del histórico, absorbido después de las elecciones de 1977, podía ser un compromiso contraído con la SPD, que gobernaba Alemania con Willy Brandt o iniciativa "motu propio", propio de su naturaleza centralista. Pero lo cierto es que el partido llamado socialista sólo aceptaba en principio las autonomías de Cataluña y Euskadi. Con posterioridad aceptó la de Galicia por coherencia con su pretexto de poseer un idioma diferenciado. Ya lo pregonaban: "Andalucía no tiene derecho a la Autonomía, todo lo más a un tratamiento personalizado, porque no hay signos de diferencia con Castilla. Ni siquiera tiene idioma propio". En eso coincidían con Stalin, para quien el idioma era, si no la única, la principal seña de identidad de una Nación. Y desmentían la realidad mundial: Más de veinte países hablan y escriben español, también nombrado "castellano", porque fue el idioma oficial del reino de Castilla-León y como si el idioma pudiera ser obra de un grupo aislado o minoritario, se le adjudica un *nacimiento* en un Monasterio de La Rioja. Un número similar de naciones tienen por idioma propio el inglés y el francés. Pero en los tres casos son estados independientes. Disponer de un idioma diferenciado no es ni tiene por qué ser la principal seña de identidad de una Nación, como queda probado.

Sin embargo ese era el principal argumento para negarle a Andalucía el derecho a ser autónoma, eso les servía para defender sólo las tres autonomías del norte. Ni la historia, que para ellos empezaba muy recientemente, ni la economía, claramente diferenciada del resto de la península, ni la falta de unidad efectiva real, pues la orgánica sólo procede de una conquista guerrera, ni la situación social de abandono de Andalucía comenzada el siglo XIX y todavía en activo, eran motivos suficientes para defender un gobierno propio capaz de sacar Andalucía de la depresión dónde la habían encerrado todos los gobiernos españoles.

Ahora presumen de haber defendido la autonomía, pero al PSOE, como hoy a Vox, le interesa lo que no quiere, para desmontarlo. El primero tuvo la suerte de encontrarse con una mayoría aplastante en 1982. Desde entonces la "reconversión" en Andalucía ha sido el cierre de miles de industrias y la negativa a la instalación de otras nuevas. El PSOE nunca quiso la Autonomía de Andalucía y lo hizo evidente durante la llamada "transición". Pero le interesaba gobernarla. Para ocupar su parcela de poder y para desmontar el sentimiento autonómico. Les habían asustado alrededor de cuatro millones de personas en la calle el 4 de diciembre de 1977.

Nacionalismo integrador

A Andalucía se le negó su derecho a la Autonomía hasta que fue un clamor. No obstante, para ponerlo tan difícil que ningún referéndum pudiera triunfar, los dos partidos con mayor número de diputados en el Congreso y de senadores en el Senado, UND y PSOE, acordaron y votaron una Ley de Referéndum que endurecía las condiciones, ya de por sí duras, impuestas por la Constitución. La historia del Referéndum del 28 de febrero de 1980 está escrita y descrita en diversas publicaciones, entre ellas en obras del autor[6] y en otras[7]. Bástenos por tanto constatar que, a pesar de la trampa impuesta por los dos partidos mayoritarios en el gobierno del Estado, Andalucía en su conjunto superó con creces un Referéndum que, por su abultada mayoría en participación y votos afirmativos y las maniobras puestas en marcha por el partido en el gobierno y el principal de la oposición en aquel momento, provocó una gravísima crisis de Estado que conllevó la desaparición del primero de ellos, UCD, el que más se había señalado públicamente en contra de la

[6] 2006 *"Grandes infamias en la historia de Andalucía".* Almuzara
2011 *"...de aquellos polvos".* Editorial Sepha

[7] 1999 Ruiz Robledo A. *"Ándalucía y la formación del Estado autonómico".* En "Actas del IX Congreso sobre andalucismo histórico. Fundación Blas Infante

aprobación del Referéndum y por ende de la consecución de la Autonomía plena.

Lo cierto es que tanto la manifestación del 4 de diciembre de 1977, como el referéndum citado —la manifestación, más— demostraron bien a las claras que Andalucía sí tenía conciencia autonómica. Más que eso, el nacionalismo andaluz había despertado porque, como afirmó en Zaragoza el Diputado por el distrito de Marchena, «*en cada piedra de Andalucía hay sangre de Federales*», o como dijera Mario Méndez Bejarano en los Juegos Florales del Ateneo de Sevilla en 1914 «*el nacionalismo andaluz, no está muerto*». Aunque, sin darle tiempo a despertar del todo, a despabilarse, diríamos en lenguaje coloquial, los políticos que han podido coger las riendas de la Junta de Andalucía hicieron y hacen una política radicalmente contraria a los intereses andaluces. Y han llegado a conseguir, como se dice en otra página, han forzado a la gente a llegar a la falsa conclusión de que la Autonomía no sirve para resolver sus problemas.

Porque el nacionalismo andaluz, como propio de su genio, de su Identidad, es original. A menudo se le rechaza por quienes rechazan otros nacionalismos y, no sólo lo rechazan, sino que lo rechazan por comparación, por mimetismo forzado. Sin embargo el andaluz se diferencia claramente de los nacionalismos ególatras y egoístas, especialmente del español, que es de tipo imperialista. El nacionalismo andaluz, como bien dice Blas Infante, *es humano*. Por eso el nacionalismo andaluz es el más internacionalista y por eso es el ejemplo vivo de que sólo se puede llegar al internacionalismo, por ejemplo a la unidad europea o mediterránea para empezar, a través de ese tipo humano de nacionalismo. Porque lejos de crear fronteras, como se dice con evidente mala intención, es al contrario, lo que hace el andalucismo es abrirlas. El nacionalismo andaluz exige respeto, pero respeto para todos, de todos a todos. Si ese respeto se mantuviera plenamente, todos los pueblos podrían entenderse, ponerse de acuerdo, cooperar. Es la forma de obtener una unidad real, voluntaria; una unión de personas, antes que de empresas. La excepción o excepciones serán las correspondientes a aquel o aquellos gobiernos que buscaran solamente obtener beneficios por encima o a costa de los demás.

Pero ese es el planteamiento economicista. Es el planteamiento de las multinacionales, de las grandes corporaciones económicas, de los gobiernos de los estados, que obedecen a esas corporaciones. Las fronteras las cierra el nacionalismo de los estados, que se resisten a unirse a otros. El nacionalismo de las naciones (las que el poder de los estados se empeña en considerar «regiones»), es integrador, porque lo que busca es respeto a su singularidad. Y cuando se respeta a cada cual, el resultado es que todos respeten a todos los demás.

El nacionalismo andaluz, despierto o dormido, activo o en espera, es uno de los principales datos que refrendan la Identidad de Andalucía.

El crecimiento de la «capi»

Una de las principales consecuencias de la deriva super centralista de los reyes y gobiernos de España, ha sido el engrandecimiento, el crecimiento desorbitado de la capital del Estado, Madrid, rebautizado por una mayoría de sus habitantes como «la capi», que, de unos miles, se le adjudican 15.000 habitantes cuando Felipe II la eligió como sede de su gobierno, cifra sin duda exagerada, ha llegado a convertirse en una gran urbe de más de tres millones trescientos mil habitantes. Un crecimiento que ha necesitado una inmigración continua y masiva y que ahora se empieza a sentir en lo que se ha dado en llamar «la España vaciada».

Para alcanzar ese crecimiento ha necesitado leyes específicas dictadas *ex profeso* para absorber todas las poblaciones limítrofes —Aravaca, Barajas, Canillas, Canillejas, Carabanchel Bajo, Carabanchel de Suso, Chamartín, El Pardo, Fuencarral, Hortaleza, Vallecas, Vicálvaro y Villaverde, más los distritos de Latina y Usera, desgajados de los Carabanchel—. El procedimiento seguido para llevar el término municipal de Madrid a los 604 Km^2 que ostenta ahora, se ha negado reiteradamente a otras ciudades que forman una conurbación, en algún caso de hasta cuarenta poblaciones y más de millón y medio de habitantes, como es el de Sevilla. Pero la posibilidad de unir varios municipios en uno solo, únicamente se ha permitido por los sucesivos gobiernos españoles a Madrid y Barcelona y en menor medida a Valencia.

La «capi» no sólo es la única que ha podido crecer territorialmente y en número de habitantes gracias a la anexión de otros municipios. Hace mucho tiempo se viene llevando la parte del león y algo más, de las inversiones oficiales y de las propuestas de inversión extranjeras, desviadas forzosamente por el gobierno. Y «la capi» lo aplaude; como si ser la preferida fuera un mérito propio, la frase que mejor lo define es «*para algo es la capital*», frase coreada cuando el extinto Instituto Nacional del Libro aceptó la idea de hacer una Feria Iberoamericana del Libro, pero no en Sevilla, de dónde partía la propuesta, sino en Madrid. O cuando cierta cadena de TV aceptó hacer un programa sobre motor, pero trasladaron su realización a Madrid porque dónde había nacido la iniciativa «sólo era *provincias*». Sólo se podía producir y realizar en Madrid. Ya es sintomático que un rey, Carlos III, sea conocido y festejado como «*el mejor alcalde de Madrid*», lo cual demuestra bien a las claras el favoritismo de que la ciudad ha venido disfrutando Y sigue disfrutándolo.

Pero el crecimiento de Madrid no sólo podía hacerse con la anexión de unas poblaciones que, en el momento de ser anexadas no se unían entre sí, ni siquiera se rozaban. Ha sido necesario crear puestos de trabajo suficientes para obligar a migrar a más de cinco millones de personas desde distintos puntos de la geografía del Estado. Es el principal elemento responsable de esa España vaciada a que nos hemos referido.

A ese fin no sólo podía contribuir la centralización de todas las oficinas públicas dependientes directa o indirectamente de la Administración del Estado. Se han costeado fábricas, talleres, empresas de todo tipo; en esta tarea se trasladó la fabricación de los camiones PEGASO de la empresa ENASA (Empresa Nacional de Autocamiones) de Barcelona a Madrid. Pero no fue la única, si acaso una de las más sonoras porque se trasladaron otras muchas, como el principal distribuidor de neumáticos Michelín, una potencia nacida en Sevilla y también trasladada, como La Hispano Aviación, única fábrica de aviones —además con patentes propia— del Estado. O se ha castigado a las que se han negado a trasladarse, como es el caso de ABENGOA.

Se creó una dinámica administrativa que «aconsejaba» a las empresas la instalación de su sede central, cuando no también de la fábrica o talleres en la ciudad de Madrid, a fin de facilitar sus gestiones y agilizar sus ventas. Antes del traslado programado de las sedes de empresas desde Cataluña, la villa de Madrid ya acumulaba las sedes de las cinco mil principales sociedades del Estado. Esto supone el ingreso de unos impuestos que las autoridades madrileñas consideran suyos, pero que han sido generados y recaudados en toda la superficie del reino de España. Se ha afianzado el centralismo administrativo y se ha creado el económico; se ha sellado, cerrado y se promociona el centralismo económico. Un centralismo que no sólo afecta a un tipo de gobierno, o a una ideología, sino que se ha generalizado en todas las formas de pensar y por tanto en todos los gobiernos. Como muestra, las compañías ferroviarias andaluzas fueron cerradas y sus activos trasvasados a RENFE (Red Nacional de los Ferrocarriles españoles) en 1936 por el gobierno del Frente Popular.

Como puede verse, el centralismo económico y administrativo no es enfermedad exclusiva de una ideología concreta. Estos detalles son sólo eso: detalles, pequeños botones de muestra. Sobre el expolio de la industria y la economía andaluza en general, hay información exhaustiva en el libro del autor «*Europa ¿solución o problema*?»[8]

---

[8] *Europa: ¿solución o problema?* 2020, Entrelíneas editores.

El favoritismo con la capital del Estado se ha materializado para hacerla crecer en envidioso paralelismo con las grandes ciudades europeas —Berlín, Lisboa, Londres, París, Roma— también favorecidas por sus respectivos gobiernos aunque con un crecimiento vegetativo muy superior al madrileño porque ya tenían muchos más habitantes que la capital de España cuando las hicieron oficialmente capital de cada uno de los estados en que están enclavadas, por eso no les ha sido necesario exagerar las ventajas concedidas en la proporción en que se han concedido a Madrid. Todos estos países, con la sola excepción de Portugal, cuentan con una población bastante superior a la del reino de las Españas.

El Estado español se ha formado de retales mal pespunteados, para servicio de la parte conquistadora, y con posterioridad esa mentalidad y forma de hacer se concentró en Madrid. Madrid se ha enriquecido gracias al favor del gobierno, el actual y los anteriores hasta Felipe II. Y ese favor se ha hecho responsable de la despoblación de gran parte del territorio, en especial el de la zona centro peninsular al ser forzada la necesidad u obligatoriedad de hecho, de emigrar a millones de personas desde sus respectivos lugares de origen, para hacerla crecer.

Colonialismo expandido

En la comunidad de Castilla y León el movimiento autonomista festeja a Fernando III como a un héroe, como «el mejor rey», porque agrandó el territorio del reino castellano-leonés al conquistar más de la mitad de la superficie de Andalucía. Son los mismos que llaman a La Mancha «Castilla del Sur» y la reivindican como propia, sin que nadie se escandalice ni lo ridiculice en la televisión. Sin embargo anatemizan a cualquiera que recuerde que el territorio histórico andaluz supera con mucho la superficie actual, y se le trata de «colonialistas frustrados» a quien haga referencia a algún lugar que en el pasado formara parte de alguno de los reinos andaluces.

Sin duda las conquistas han sido necesarias para tener dónde extender el principio imperialista. Castilla "la Vieja" y León eran insuficientes. Ni siquiera la inestimable cooperación de Asturias con su prurito de «comienzo de la re- conquista» ha podido servir a este menester, pues su naturaleza independiente y rebelde la ha hecho rechazar al centro, aunque en cierta medida se deba al protagonismo succionado, y a no reconocérsele su supuesto mérito como ese «principio de la re conquista».

Este es, reiteramos, el ambiente en que se obliga a vivir a Andalucía desde que a principios del siglo XIII las huestes de Fernando III «el santo» reforzadas con mercenarios y voluntarios «*para ganarse el acceso directo al Paraíso*» al obtener indulgencia plenaria por participar en la conquista de Andalucía, arrasaron el valle del Guadalquivir y obligaron a Andalucía a retroceder varios siglos.

Hay varios medios para minorar, entorpecer, nublar o anular por completo la Identidad de un pueblo, dentro del procedimiento general, que es borrar su memoria histórica. Uno de los medios más eficaces es el castigo. Y el más eficaz de los castigos es el hambre. Cuando a un pueblo se le obliga a pasar hambre se le obliga a preocuparse por la forma de obtener un mínimo de sustento, aunque eso suponga postergar todo lo demás.

Como ya está escrito más atrás, se suele decir que no se puede pensar con el estómago vacío.

Y es cierto.

Andalucía, la Comunidad que mayor cantidad y porcentaje de impuestos ingresaba a final del siglo XIX y principio del XX ha ido bajando a medida que iba desapareciendo su industria, o se iban trasladando sedes a «la capi» en la inmensa mayoría de los casos por maniobras protagonizadas por el gobierno de turno. Algunos de los últimos latrocinios llevados a cabo directamente o favorecidos por gobiernos españoles, han sido: cierres de HYTASA, Intelhorce, Cárnicas Molina, SANTANA, Andaluza de cementos, Hermes Govantes y varios centenares más.

Las minas fueron obligadas a cerrar al no construir accesos por carretera o ferrocarril, *ni permitir que las propias empresas las construyeran*. Una vez cerradas fueron cedidas a empresas alemanas e inglesas, a las que se les construyeron las carreteras y ferrocarriles negados cuando la propiedad era andaluza.

Compañía Sevillana de Electricidad fue liquidada por el gobierno de José María Aznar, entregada en bloque a ENDESA, posteriormente privatizada y vendida a ENEL, empresa pública y principal eléctrica italiana. Una vez Sevillana estuvo en manos públicas, la primera «realización» fue cerrar NUINSA (Nuevas Iniciativas del Sur, S.A.), empresa participada al 100 x 100 por Sevillana, para facilitar la industrialización de Andalucía. A José María Aznar y a Rodolfo Martín Villa *les dolía* que Andalucía pudiera mejorar su economía.

Siguieron y siguen suspensiones de pagos, cierres en muy alto número, hasta la reciente crisis provocada a ABENGOA, primera multinacional andaluza y única empresa española dedicada a producir energía limpia 100 x 100, del sol, del aire y del reciclado de basura. Única empresa en el mundo cuyas placas solares producen el doble de energía, gracias a una tecnología puntera exclusiva de la empresa. No es la única. ABENGOA tiene y aplica otras tecnologías también puteras para otros menesteres. Pero «nada de eso importa», lo importante, lo único, es que haya demostrado que se puede vivir sin petróleo y no haya querido trasladarse a Madrid, a pesar de la cantidad de veces que se le ha «propuesto»

El libro «Europa ¿solución o problema?» mencionado más atrás contiene la información detallada.

¿Cómo afecta esto a la Identidad? Porque podría pensarse que la cuestión económica y más concretamente la industrial, no debe considerarse parte de la identidad, que la industria es industria en todas partes. Y la música, y el carácter, y la filosofía. Todas las manifestaciones del ser humano se dan en todas partes, pero en todos los casos se dan con características singulares, propias, ajustadas al carácter de cada lugar o, si se prefiere, son producto de ese carácter, de esa idiosincrasia. Simplemente: se trata de hacer a la gente que olvide sus raíces y las industriales son de las más fuertes, en una Comunidad, Andalucía, que siempre fue industrial, activa y productiva. Porque, recuérdese lo ya reiterado: es problemático pensar con el estómago vacío. Y a los andaluces se les quita la industria para facilitar su dominio, porque dominar Andalucía es tener sumisa a la mayor Comunidad y la más poblada. Para eso fue conquistada y para eso se le sigue queriendo

IV
Creativos

Eso se reconoce a los andaluces: ser creativos. Algo es algo. Bueno, también somos graciosos, simpáticos, chistosos... se equivocan. El andaluz es alegre, se ríe de sí mismo, hace chiste incluso de la tragedia, pero no es un buen *contador de chistes.* De hecho, cuando se ha intentado a nivel profesional, han fracasado. El contador de chistes no es espontáneo ni familiar, es más ni siquiera requiere gracia aunque algunos la tengan. Contar chistes es contar historias A los andaluces se les pide por principio, por confundir la gracia o el gracejo que pueda tener una forma de hablar, pero una cosa es ser ocurrente y otra ser humorista. Andalucía ha dado algunos grandes humoristas, de los que hacen reír sanamente. No más que otras comunidades, que la inteligencia está muy repartida, por fortuna, pero el humorismo requiere preparación, hacerse un guión que se debe repetir de memoria sin que lo parezca. El andaluz es buen actor, de hecho se ha visto en el cine y se está viendo en televisión, hay una buena cantidad de buenos actores y actrices andaluces. Pero los humoristas, que los hay, muy buenos, no superan en número a los demás.

La fama tópica de «simpáticos» puede venir en pequeño porcentaje de su genio alegre, positivo, de la forma de expresión, verdad que *cae bien* cuando no es directa y negativamente rechazada. Por lo demás es fácil considerarlo como mecanismo de compensación ante tanto rechazo, ante tanto insulto del tipo de «vagos», «irresponsables», «incultos» y demás «*lindezas*» dedicadas.

La creatividad, sin embargo, es innegable y aunque se puede disfrutar en el humor popular, el *buen* humor, destaca y sobresale en las Bellas Artes y en la literatura. A pesar de que, desde el siglo XVI, para triunfar ha sido necesario trasladarse a vivir a la capital del reino, Andalucía cuenta con clara diferencia a su favor en el número de arquitectos, bailaores, cantantes, cantaores, compositores, escritores, escultores, pintores (aviso a navegantes: se utiliza el plural porque en el idioma de Cervantes y de quien escribe, engloba a los dos géneros de forma habitual y automática. En cambio, tanto repetir las palabras se hace algo más que pesado. Pero no se sientan afectadas, si llega el caso no escribiremos «modistas y modistos» que sería tan «ocurrente» como «valientes y valientas», o «jóvenes» y «jóvenas»).

Sería tedioso publicar una relación de personajes andaluces; tan tedioso como incompleta por la cantidad de los que son e incluir una muestra sería injusto para los que falten. Podemos hacer un pequeño esfuerzo y, a partir de los que tengamos en la memoria, hacernos una idea del número tan elevado de artistas, científicos, exploradores, filósofos, ingenieros, investigadores (a pesar de la falta de medios para investigar existente en España) matemáticos, médicos, tantas personas como han contribuido con su esfuerzo a mejorar las condiciones de la vida humana y a su felicidad, tantas como han ayudado a avanzar a la sociedad.

Sí. La inventiva, la originalidad, la creatividad, también es una clara seña de identidad del carácter andaluz, de **lo** andaluz. No es que todos y cada uno de los andaluces sea un séneca, ni un investigador eminente, córtese esa sonrisa para evitar más ridículo, enemigo de Andalucía. Pero el número de personas destacadas en todas las facetas de la vida humana, certifica que esta es una tierra innovadora, de seres humanos capaces de hacer felices a sus semejantes.

A propósito de la cantidad de personajes andaluces, también es importante destacar que Andalucía no sólo reúne una de las mayores concentraciones de artistas e intelectuales del mundo, sino que además ha interesado a otros profundamente. Ha despertado el interés de escritores, artistas, científicos e intelectuales de todo el mundo. El nombre de Andalucía ha sido cantado y valorado en todo el mundo, gracias a profesionales de todo el mundo. Eso es algo que ninguna maniobra oficial ni extraoficial, será capaz de impedir.

Sin embargo la historia y la enseñanza oficiales han trazado un modelo equívoco, pobre, que presenta al andaluz como falto de iniciativa y de capacidad, a pesar de esa extensa relación mencionada. Y, cuando no ha quedado más remedio, porque la lista de actores, actrices, literatos, pintores, compositores, etc., es decir, de artistas, no se puede ocultar, han llegado a admitir que Andalucía es una tierra apta para el arte, pero nada más, porque «*nunca ha servido para cuestiones científicas o técnicas*». Los libros de texto aprobados por el Ministerio de Educación y, peor aún, por la Junta de Andalucía, todavía sostienen que las obras arquitectónicas, de ingeniería y artísticas, grandes y pequeñas, son, según las épocas: fenicias, romanas, árabes, moras o sarracenas... «Moras», «Árabes» y «Sarracenas». Ni siquiera conocen el significado de cada palabra y las usan a voleo, según les coge el cuerpo. Todavía ignoran que no son sinónimos, sino gentilicios, de la franja mediterránea del norte de África, de la península arábiga y del Yemen o «Arabia feliz», respectivamente.

En consecuencia, Andalucía «no ha hecho nada» según estos panegíricos del vacío cultural andaluz. No hay una sola obra de interés, desde el tesoro del Carambolo y el resto de la serie descubierta, hasta la Alhambra de Granada o el Alcázar de Sevilla, dicen historiadores y profesores porque «no están hechos por andaluces». Una lástima, que historiadores y profesores no sepan que los arquitectos y delineantes y los alarifes (albañiles) de la Giralda eran de Sevilla, los de la Mezquita eran nacidos en Córdoba o los de la Alhambra eran granadinos; andaluces descendientes de andaluces. Peor aún: el ladrillo o la teja son «árabes». Hasta eso. Entonces, las obras construidas antes de 709 —una de ellas descubierta al hacer la faraónica obra de los «hongos» de la plaza de la Encarnación ¿con qué estaban hechas? ¿con papel de periódico quizá?

Es demasiado basto el mecanismo de atribuir a extranjeros todas las realizaciones de interés que pueblan Andalucía. Es más grave ignorar, ocultar más bien, que Andalucía descubrió el arco sobre columnas que permitió dar altura a los edificios, mucho antes de que apareciera el Ojival o gótico en Francia. Pero ocultar la verdad no es, precisamente, un signo de honradez ni de buena voluntad.

Pues se oculta mucho más. Hoy, en estos momentos de primavera de 2022, se está desarrollando en la Universidad de Córdoba un medicamento, primera esperanza real contra el

Covid; y en su Hospital Reina Sofía se realizaron los primeros trasplantes de corazón de Europa. De igual modo se llevan a cabo otros trasplantes complicados, a pesar —repetimos— de la nula ayuda de las autoridades españolas a toda investigación. Ya se ha hablado de las placas fotovoltaicas desarrolladas por ABENGOA —habrá que referirse a ésta empresa por actualidad y por la capacidad de innovación que se quiere desaprovechar— y de la guerra declarada para hacerla quebrar. Igual otra empresa andaluza ha conseguido automatizar plenamente el proceso de selección, cocido o aliñado, relleno y envasado de la aceituna, a pesar de que, en su momento, también se le hizo la guerra desde instancias públicas.

Son sólo ejemplos.

Fue un ingeniero sevillano quien hace ya cuarenta años se ganó el descrédito forzado de todos los servidores del negocio del petróleo, y todavía hoy se le crucifica, por haber ideado un pequeño aparato que separa el oxígeno del hidrógeno del agua. Al separarlos ayuda a limpiar la atmósfera arrojándole el oxígeno liberado y utiliza el hidrógeno liberado para poner en marcha motores de explosión. Entonces, en teoría, la maquinita «podría haber supuesto la ruina para las petroleras y cuantas empresas vivían de ese negocio». En realidad podrían haber continuado trabajando si hubieran tenido voluntad para ello, aplicando el crudo a otros menesteres menos contaminantes y menos peligrosos, pero les resultaba más cómodo ganar ingentes cantidades de dinero sin tener que molestarse en pensar ni investigar, ni tampoco permitir la investigación siquiera. Ni aún plantearse el pensar en otra cosa.

Hoy con el petróleo en la recta final de su existencia, momento lógico para decidirse a alargarle la vida dedicándolo a otros usos y contaminar menos, parece que quisieran «mantener el tipo» y que no se les pueda decir que su oposición al dializador fue una maniobra casual ni temporal para seguir vendiendo petróleo y contaminando a placer, y mantienen la oposición a las investigaciones de las universidades andaluzas de Málaga y Sevilla, que buscan la forma de volver a producir un aparato para sumarlo al motor del vehículo con la finalidad de prescindir del contaminante en declive.

Es que el supercapitalismo depredador también es enemigo de la Identidad, con más motivo si la identidad, como en este caso la andaluza, es creativa y gusta de avanzar y hacer avanzar a la sociedad. Si el supercapitalismo cree, intuye, o mejor dicho, se le antoja intuir o se recrea en auto convencerse de que un avance cualquiera puede poner en peligro sus millonarios beneficios, se hacen tan super conservadores como supercapitalistas y son capaces de gastar millones en financiar campañas de descrédito contra esos avances, como la lanzada contra el inventor de lo que se llamó «motor de agua», avances que pueden suponer un gran beneficio para la humanidad mientras el engorde de los beneficios de una minoría sin freno alguno, ya supone, ya es, un grave perjuicio para el Planeta.

No es nuestra intención cansar con ejemplos, por eso entendemos que con los reflejados debe ser suficiente para comprender y reconocer que el espíritu andaluz, la Identidad andaluza, también incluye la creatividad entre sus propiedades. Pero no solamente la creatividad artística, cuya evidencia es innegable y muy importante, también la científica y técnica y con ello la investigación.

Es fácil imaginar cómo sería la producción industrial, científica, médica en Andalucía, si el gobierno y las grandes empresas se implicaran en la investigación en torno a estas materias, si cambiaran de política en favor de la investigación, si abandonaran para siempre el torpe y egoísta «que inventen ellos». No vale pensar que las empresas privadas no tienen por qué comprometerse en cuestiones tan generales, más bien es al contrario. Por tres razones: primera, porque también podrían aprovechar esos avances para beneficio de su producción y competitividad; en segundo lugar porque igual que influyen en el gobierno para imponer sus conveniencias ocasionales o duraderas, en la misma forma deben colaborar en cuanto sea positivo para el conjunto del Estado.

Una cuestión que el capital no ha asumido, sumido en su egoísmo y sin embargo se beneficiaría aunque no a costa de los demás sino junto a los demás, es que se haga solidario con el resto de la sociedad de la que forma parte, que en vez de influir en las decisiones del gobierno para obtener beneficio personal y aumentar la pobreza, debería preocuparse por el interés general. Pero el capitalismo, egoísta y depredador, no ha pensado que el bienestar general influye en el consumo y el consumo beneficia a todos, en mayor medida a los productores.

Sería la mejor solución para todos, porque disminuiría o haría desaparecer el enfrentamiento continuo entre clases, lo cual a su vez quedará reforzado por la tercera razón: su beneficio está posibilitado por el uso que todo el mundo hace de sus servicios y el pago correspondiente, en ellos y en la compra de esos productos. En consecuencia sería justo que siquiera una pequeña parte de ese beneficio revierta a la sociedad en forma de ayudas a labores como la cultura, la enseñanza y la investigación.

En cuanto al tema objeto de este libro, la Identidad, veamos cómo la dedicación al arte, la cultura, la industria, la investigación y la cantidad de personajes que ha dado Andalucía en estas disciplinas, como la cantidad de referencias y dedicatorias también son un refuerzo de su identidad. Asimismo el interés despertado en todo el mundo es un valor de su Identidad, porque Andalucía interesa a toda persona con un mínimo de sensibilidad y buena disposición.

V
Directo al paladar

¿Por qué la cocina es identidad?

La cocina viene dada por el clima, los gustos, usos y costumbres y por la producción habitual de cada lugar sumado a la facilidad histórica de producción e importación. Comunidades con una producción reducida en cuanto a variedad, o bien aisladas, han visto disminuida la variedad de su menú, mientras otras con mayor producción, o situadas en zonas cercanas a las productoras, han podido disfrutar de esa variedad negada a otros por las circunstancias. Por eso y porque es producto de la imaginación de cada lugar, la comida es una parte sensible de la Identidad, una parte definitoria.

Tradicionalmente la alimentación viene muy pareja a la agricultura y a la ganadería. El tipo de alimento predominante en cada lugar, junto con el clima, condicionan en gran medida la alimentación. Los climas fríos, por lo general, han dado lugar a una comida más rica en grasa, es una regla universal. Por eso la comida en Andalucía es variada, contiene muy pocas grasas y en cambio es rica en sabores. Por su clima, el paladar prevalece sobre las calorías, de ahí la combinación de ingredientes y uso de especias en forma moderada; es extraño que se note, lo que sí se nota es el sabor, mientras en otras latitudes sin embargo, por su clima habitualmente más frío, requieren comidas más calóricas, esto es: más ricas en grasa.

La comida es una necesidad, como tal lo normal y elemental es satisfacerla. Con el tiempo ha ido ajustándose a las economía, a las posibilidades de aprovisionamieneto y ha ido desarrollando gustos y preferencias en cada comunidad. Aparte la diferencia ya descrita entre una comida sabrosa pero con limitado poder calórico y otra dónde predominan las calorías, la comida también se nutre de otro factor, que cambia bastante de un sitio a otro: el estilo.

Aquí se dan dos acepciones, las dos importantes. El estilo y un estilo. El estilo, ya lo hemos visto, es una postura, un posicionamiento, algo que distingue. Se puede tener más o menos estilo. Pero luego hay muchos estilos en el sentido de formas. Pues bien: Andalucía abunda en los dos. Aquí nada se hace «porque sí» todo obedece a una razón. Al estilo. Si se trata de vestir, predomina el estilo. Si de comer, también. La comida y el hecho de comer, ambas cosas se configuran normalmente en un ejercicio de *estilo*. De capacidad, de categoría.

Se cocina con estilo y se come con estilo, o en ***un*** estilo, quizá sea más propio decir. Y hay un estilo, una forma propia de cocinar, de elegir ingredientes, de mezclarlos

A la cocina mediterránea no le sobra un solo gramo de grasa, lo permite el clima, es cierto. Tampoco le falta ni le sobra sabor, del manejo de los ingredientes y la forma y el orden de dosificarlos y las especias, se obtiene el equilibrio. Por algo Andalucía inventó la tapa aunque ahora, cuando hay quien se desplaza muchos kilómetros para probarla, haya quienes son capaces de discutir su paternidad, a pesar de que hasta hace muy poco en muchos lugares fuera despreciada por considerarla solamente bocados caprichosos y en otros la llamaran «aperitivo». Todavía se usa el nombre de aperitivo y ya pretenden ser inventores de la tapa.

Se puede argüir que todo es cuestión de opinión y puede haber paladares concretos, gustos particulares. Se podrá opinar que el estilo en la comida es algo elástico. Es una opinión. Puede ser, se puede pensar lo que se quiera, pero que existen las formas, los estilos, y por tanto los sabores, en unos lugares más variados y atractivos que otros, no es cuestión de opinión. *La verdad no es una opinión.* Un análisis frío, desapasionado, es lo único capaz de aclarar las ideas.

Con todo el respeto a cualquier opinión, porque nuestro objeto es dilucidar dónde se puede hallar una muestra de identidad, por lo que no se entra en absoluto en discutir donde se cuecen mejor los garbanzos, ni si es mejor el cocido o la fabada ambos platos deliciosos cuando están hechos con maestría, es indiscutible que los sabores existen y se diferencian por zonas, por climas, por ingredientes, etc.; comidas similares no saben igual en unos lugares y otros. Ya es sintomático que la andaluza se haya reconocido como la segunda mejor cocina del Estado, ese reconocimiento a pesar de ser andaluza, ya es un dato de interés, sin por ello menospreciar ni minusvalorar el cocido extremeño, ni el madrileño, ni la paella valenciana, ni el bacalao al pil pil, ni el dorado. Señalar las diferencias existentes es reseñar la identidad sin necesidad de menospreciar a nadie.

VI
La dignidad de «hablar mal»

Llevan siglos acusando a los andaluces de «hablar mal». Ya el Emperador Adriano tuvo que enfrentarse a los sesudos y «bienablaos» señores senadores, cuando todavía no era más que un centurión, obligado a presentar un informe al Senado. A la mayoría de los senadores les pareció interesante o necesario comentar el acento andaluz —en aquel momento bético— del conferenciante y mofarse de él, antes que atender al contenido del informe.

El centurión Adriano —todavía no había sido adoptado por Trajano para ser su sucesor— soportó con dignidad las burlas, terminó de dar su informe y se marchó. Con dignidad. Era andaluz. No se vio obligado a volver al Senado en varios años. Cuando volvió por segunda vez seguía hablando de la misma forma, con acento bético. Pero ya los senadores no se atrevieron a reírse de su acento que, por cierto, como se ha expresado dos líneas más atrás, no había cambiado. Había cambiado su situación: ahora era el nuevo Emperador. Fue la venganza más elegante, la menos humillante porque no era nada humillante. Fue digno de principio a fin, todo lo contrario de cómo se habían comportado con él los senadores.

Pero se dice, y está comprobado, que una mentira repetida hasta la saciedad termina aceptándose como una verdad. Con el tiempo, el machaqueo despectivo constante de la gente preocupada por humillar, por desmerecer a los andaluces, a nuestra forma de hablar, la obligatoriedad impuesta de hablar «correcto» en radio y televisión, los castigos infligidos en la escuela para obligar a los alumnos andaluces a «hablar bien», los insultos recibidos con adjetivos del tipo de «catetos», «incultos» y otros peores, las inserciones en libros y periódicos, las burlas, han hecho mella en miles de andaluces, quienes han llegado a admitir que hablaban mal y, como reparación, como «remedio» han optado por copiar giros y palabras propias del léxico madrileño o castellano-leonés.

El penúltimo palabro norteño aposentado en Andalucía en la recta final del siglo XX, ha sido "patata" que ha desplazado a la natural andaluza «papa». Sin embargo *patata* no es más culta ni más correcta que *papa*, sino todo lo contrario. Las papas vienen de América, y allí las llaman ***papas***. ¿Quiénes son los demás para rebautizarlas y considerar y hacer creer que el nuevo vocablo es el correcto? Ha habido aquí mucha cantidad de culpa por parte de Andalucía; el haber creído que hablaba mal, la ha llevado al error de cambiar su expresión correcta, por una inventada e incorrecta.

¿No habrá sido, por casualidad, un doble mimetismo, en este caso combinado con el inglés? No tiene explicación posible que por añadir una sílaba a una palabra nacida con dos, se le haga ser «más correcta», «más fina». Pero en inglés también tiene tres sílabas: «potato» (poteito en la pronunciación). Hay muchas posibilidades de que, además de incorrecto, siendo el término original perteneciente al idioma conocido como español, el vocablo proceda del inglés, que sea una simple traducción, doble traducción innecesaria.

Podríamos ir comprendiendo que no necesitamos aprender del castellano hablado en la Meseta.

Algunas de las expresiones más reseñables de vulgarismos norteños aceptados por muchos andaluces, son la palabra «churro» aplicado a la masa frita que en Andalucía tiene cuatro nombres según las zonas: «calentitos», «jeringos», «tallos» y «tejeringos». Esas personas, no necesariamente de las capas más bajas en cuanto a formación escolar, han creído que la palabra «churro» era más culta, más «fina» que la propia, como consecuencia del complejo contraído al escuchar con tanta reiteración «*habláis mal*». Y han adoptado un término que en realidad significa «*cosa mal hecha*».

Otro término equivocado por copiar el argot del norte, son las palabras «chico» y «chica». Los vocablos propios de Andalucía son *niño* y *niña* o *nene* excepto en Córdoba donde son *nene* y *nena* y así se mantienen en la mayor parte de la Comunidad, en Canarias y en América, aunque el «niño» o la «niña» hayan cumplido sobradamente la edad. En la meseta los vocablos utilizados para los mismos casos son los de *chico* y *chica*. Ni remotamente son más correctos, porque si un hombre no es *niño* ni una mujer *niña* con veinte o treinta años, es evidente que tampoco son *chicos* ni *chicas* en tanto estas palabras son sinónimos de *pequeño* y *pequeña.* Sin embargo deben haber parecido más «finas» a sus usuarios, para cambiar un término propio por uno importado, aunque en puridad ambos serían igual de incorrectos. A veces se explica con evidente finalidad excusadora, que el término *chico-chica* se usa para determinar que ya no son niños. Pero tampoco son pequeños ni es una *chica/chico* una persona de 35 o 40 años, a quien también se le denomina con la misma palabra.

El caso, lamentablemente, es sólo una muestra del complejo inducido a los andaluces, muchos de los cuales, de tanto repetírselo, han llegado a creer la infamia y en consecuencia han deducido que «*para no hablar mal*» necesitaban copiar la forma de expresarse de las comunidades del norte porque ellos, los andaluces, «hablaban mal».

Son síntomas de pérdida parcial de identidad, por tanto, dignos de ser tenidos en cuenta e intentar la recuperación de nuestro propio léxico, que no es en absoluto cateto ni inculto, sino por el contrario una perfecta forma de expresarse en el idioma que hablamos. Esto es consecuencia de con toda probabilidad ser sus creadores, como veremos en seguida.

Los andaluces no hablamos mal. Taxativamente. Todo lo contrario. Los andaluces, por ejemplo, no usamos laísmos (la dije), ni abusamos del leísmo (le amo). No cambiamos la forma del verbo: de pretérito imperfecto de subjuntivo (estuviera) a potencial simple (estaría) «Si *estaría* aquí...». Ni tampoco se otorgan alas a quien tenemos cerca. En andaluz se puede decir «Está aquí, al lao; o aquí junto, o aquí a mi lao». El supuesto «purismo» dice «está aquí, "alado"». O, para terminar estos ejemplos breves, ver la interjección «ahí»: en Andalucía se pronuncia «aí». En la «España bienhablá» se queda en nada, pues se pronuncia «ái». Lo expuesto son sólo algunos de los muchos ejemplos que deberían hacer callar a los críticos del andaluz y de lo andaluz. Si la función fundamental del idioma es comunicarse, estos verdaderos y ciertos errores gramaticales comentados, precisamente, no ayudan a la comunicación, sino todo lo contrario, porque confunden.

Suprimir la «d» intervocal (cuidao, en lugar de cuidado) o la «s» final, o disponer de una «h» sonora para uso propio («Alhambra», «Buhaira», «Alhamía»), son características propias de una civilización; todo lo más giros de lenguaje. En Andalucía la letra «h» se aspira, pero se pronuncia, no se ignora, ni se pronuncia «j» ni «ye». A veces se usa para sustituir a la «g» y la «j», pero todo eso no es *hablar mal* porque no se cambia el sentido a las palabras. Es *hablar distinto*. Es ser más evolucionados y somos más evolucionados porque llevamos más tiempo utilizando el idioma, porque lo crearon nuestros antepasados antes de que las tropas de Fernando III irrumpieran en el Valle del Guadalquivir.

Hay iluminados que, en su afán inamovible de negar la existencia de norma gramatical alguna, dicen «las hablas» en vano intento de desacreditar la coherencia de la norma andaluza. Pero, como suele ocurrir, el tramposo cae en su propia trampa. Si debiera tomarse en serio esa ocurrencia, basada tan sólo en los giros, en las distintas zonas hablantes de Andalucía, si se pudiera tomar en serio por existir distintas formas de expresarse, mucho menos cabría considerar idioma al castellano o español oficial.

Si no fuera posible reconocer una lengua, un habla propio por los matices existentes entre diversas zonas de un espacio tan amplio como el andaluz, más imposible sería otorgar ese título al español, porque en este caso, a las diferencias internas dentro de cada comunidad, que las hay en todas, hay que sumar las diferencias generalizadas entre comunidades. Todas las hablas de todas las comunidades españolas y del mundo, son distintas entre sí y dentro de cada una de ellas hay claras, notorias diferencias. Luego, de según la pretensión de estos críticos del habla andaluza a que nos hemos referido, el español no existe.

España tiene una gramática, dicen todavía algunos en su defensa. Efectivamente. Precisamente una gramática deducida y ordenada por un andaluz. Y una gramática dirigida al idioma escrito, no al hablado. La gramática de la lengua española no especifica que la pronunciación deba ser la de Valladolid, la de Murcia o la de Villarrubia de Arriba.

Hablar y escribir para entenderse

El objeto primordial del idioma, muy anterior y superior a cualquier otra finalidad, es comunicarse. No es su finalidad más importante, es su finalidad exclusiva. Los idiomas no se «crean» no se inventan, no se imponen: se forman, aunque se extienden por comodidad. Comodidad, precisamente, en la necesidad de comunicación por razones de parentesco, cercanía o mercantiles. A una sociedad poco evolucionada culturalmente o con idioma primitivo se le puede enseñar un idioma más evolucionado. Pero es más difícil, cabría decir imposible o debe serlo, inculcar un idioma más pobre a una sociedad acostumbrada a un idioma más evolucionado y más rico y hacer que lo adopte en sustitución del propio.

Mientras un idioma se está formando es normal que reciba palabras, expresiones, giros de otro si se ha tenido buena relación con él. Algo muy distinto es el mimetismo bobalicón de quienes adoptan palabras del inglés sin darse cuenta que esos hechos, esas cuestiones, ya tienen definición en nuestro idioma. En otro nivel, una vez adoptado y aprendido un idioma, es normal que se mezcle con palabras del propio idioma anterior del hablante. Esto último se da con bastante frecuencia en América del Sur, dónde muchas comunidades utilizan definiciones procedentes del idioma que hablaban con anterioridad a la conquista, mezcladas o insertas dentro de la conversación en castellano-español. En todo caso los idiomas se forman en un proceso lento que dura siglos. La escritura siempre es posterior. Las normas se deducen para ser aplicadas a la escritura; la palabra hablada es mucho más libre.

Una lengua, para ser considerada tal, precisa unos rasgos definidos, una clara diferenciación con otras. Los rasgos son tan definidos en el caso de la lengua andaluza, que han arrancado las críticas de profesores, políticos, licenciados, catedráticos, directivos de medios de comunicación y, tras ellos todo el ejército de desinformados que se limita a seguir la corriente. Diferencia claro que hay. Sin embargo en lo esencial es el mismo idioma, pues a la hora de escribirlo *casi* desaparecen esas diferencias y se ajustan a las mismas reglas.

Si el andaluz no fuera un idioma, si fuera solamente una forma de hablar español, mantendría la misma dignidad. Sería una variante como existen otras. Pero eso no le quita un solo gramo de su valor. De todas formas si es el idioma o la variante, lo tratamos enseguida, unas páginas más adelante.

Igualmente lamentable es que haya quienes, acomplejados o cuando menos afectados por las críticas, pretenden crear una gramática a partir de la forma de hablar de la zona dónde se ha criado cada cual, con tal confusionismo en el establecimiento de una posible norma, porque se pretende aplicar a toda Andalucía el habla de un área restringida.

Tiene su explicación en el hecho de que los partidos políticos, durante la llamada transición a la democracia, sólo contemplaran las autonomías de Cataluña y Euskadi y que consideraran como principal y en ocasiones la única razón para ello, la existencia de un idioma propio. Esto se razona en el siguiente epígrafe. Entonces fue cuando primero algunos pretendieron que la alhamía era el idioma andaluz proscrito y más adelante, ante la imposibilidad de mantener esa teoría, tomaron el camino de crearlo, diciéndonos —o intentándolo— como sería la escritura «en andaluz».

El andaluz no necesita crear una gramática: ya la tiene. Ningún idioma necesita igualar lo escrito a lo hablado. En primer lugar porque es imposible, lo hablado siempre va e irá por delante. Jamás se podrá alcanzar la igualdad, pues cuando los especialistas (expertos, ni aficionados ni negacionistas de cualquier idioma) se pusieran de acuerdo, el idioma hablado, al continuar evolucionando, ya habrá vuelto a cambiar, lo que obligaría a empezar de nuevo. Y así sucesivamente en un bucle interminable. En segundo lugar porque, es cierto, no se habla igual en toda Andalucía. Afortunadamente, como ente vivo que es, hay giros, variables, palabras propias de distintos lugares. No tantas como a veces se quiere hacer creer con el consabido «como decimos en mi pueblo», que casi nunca se refiere a un término exclusivo, pero existen determinados vocablos propios de alguna zona, más de una comarca, de un grupo poblaciones que exclusivo de uno solamente. Por lo tanto ¿Cuál de estas formas de hablar elegirían los «elegidos» como la «correcta» para determinar cuál de ellas representaría el idioma «correcto»? No se puede caer en el mismo fallo ibérico de hablar de «idioma correcto» ni es lógico pretender que todos los andaluces deban hablar y escribir como se habla en el pueblo de cada uno de los pretendidos inventores de ese nuevo idioma. Todos los idiomas y todas las formas de hablar son correctas, salvo cuando se cambia el sentido a una palabra.

El mofarse de la forma de hablar de una comunidad es parte del colonialismo cultural, impuesto por el centralismo conquistador. Que se falta el respeto a Andalucía en lo tocante al lenguaje, es un hecho; que se ha confundido «hablar bien» con pronunciar las «s» finales y las «d» intervocales que ¡oh «casualidad» se está perdiendo a paso rápido en toda la península es un hecho fácilmente comprobable.

La dignidad de un idioma está en sí mismo. Los idiomas son dignos *per se*. No hace falta dignificarlos. Lo que debe hacerse es respetarlos.

Idioma y nacionalidad

Decía Joseph Stalin:

«... nacionalidad es una comunidad estable, históricamente formada de idioma, de territorio, de vida económica y de psicología, manifestada ésta en la comunidad de cultura. Es necesario subrayar que ninguno de los rasgos distintivos indicados, tomado aisladamente, es suficiente para definir la nacionalidad/nación. Más aún: basta con que falte aunque sólo sea uno de estos signos distintivos, para

que la nación deje de ser nación. Sólo la existencia de todos los rasgos distintivos, en conjunto, forman la nación»[9].

Stalin destruye en este párrafo el Principio de las Naciones. Y desprecia a todas las naciones nacidas de la descolonización. En toda América no hay una sola nación, según su afirmación. Sólo una en África, Etiopía; innegable porque siempre se mantuvo independiente. Ninguna en Oceanía. Las que no tienen el inglés por idioma oficial, tienen el español o el francés y según Stalin, no existe la nación *si falta uno sólo de estos signos distintivos, por ejemplo,* si no tiene un idioma distinto a todos los demás.

Claro, Stalin era un profundo centralista y muchas repúblicas soviéticas y rusas tienen el ruso como idioma oficial. De esta manera les cerraba la puerta a la reivindicación nacional.

Más grave es que años después, partidos políticos supuestamente «progresistas», mantuvieran la misma tesis con tal de reducir al máximo el número de comunidades con derecho a Autonomía. En realidad se trataba de ganarse a aquellos partidos con cierto arraigo en sus respectivas comunidades —concretamente Cataluña y Euskadi— y en al mismo tiempo de discutir y desautorizar a los autonomistas de todo el Estado —fundamentalmente Carlistas, Movimiento Comunista, Alianza Socialista de Andalucía (a partir de 1977 P. S. A.) y alguno más en Andalucía a quien no se le reconocía ese derecho— en la tarea de crear un frente unitario para mantener la oposición al franquismo y sólo en esa tarea. La existencia de partidos autonomistas con bastante

---

[9] Stalin, J. 1977 *El marxismo y la cuestión nacional.* Barcelona

arraigo popular en esas dos comunidades les convenció de defender la posible autonomía de ambas, pero no la de los demás. Al no encontrar y argumentarse otra razón más que el idioma, o utilizarlo como argumento preferente, se vieron obligados a incluir a Galicia en el «club», que de dos pasó a tres miembros.

Esa fue también la causa de que en Andalucía algunos se esforzaran en presumir de idioma «proscrito y prohibido» por los invasores castellanos. Como si los idiomas, una obra de siglos, se pudieran imponer y eliminar por decreto. Como ya se ha dicho, en principio, mal informados, aseguraron que el idioma andaluz era la alhamía, más recientemente los defensores de «un idioma andaluz» han querido componerlo, «crear» un idioma a base de interpretar gráficamente, a la manera particular de cada uno, la forma de hablar de su lugar de residencia. Tarea imposible, como ya se ha comentado. Imposible e innecesaria, porque Andalucía tiene un idioma. Un idioma del que se apropió el reino de Castilla seguido por el de España que lo detenta en la actualidad.

Aunque durante la llamada «transición a la democracia» se utilizara el idioma como elemento diferenciador de forma interesada, para admitir la Autonomía a sólo dos comunidades, el idioma no es el único ni el principal signo de identidad. Suiza habla y escribe cuatro idiomas y ninguno se llama «suizo». Sin embargo seria imbécil negarle su identidad. Irlanda habla inglés, igual que los dos Estados de América del norte y una amplia relación en Las Antillas, África y Oceanía. ¿Pretenderá alguien que todos estos estados deberían integrarse en el Reino

Unido, por explicarse, por entenderse, por intercambiar en inglés? Lo mismo cabe decir de la amplia comunidad de estados que tienen el español como medio de comunicarse, o del francés o del ruso. Al contrario, en ocasiones el idioma no es un signo de identidad. Ninguno de los estados de las comunidades de hablantes citadas en este párrafo deja de tener una identidad determinada por compartir idioma. En este caso habría que hablar de lengua. Lenguaje. Pero una lengua, en el sentido de expresión, tienen todos los pueblos, todas las comunidades humanas del mundo. Y todas ellas se diferencian de las demás, unas más y otras algo menos.

El idioma es un ente vivo y la igualdad entre pronunciación y escritura sólo puede producirse cuando deja de utilizarse, cuando muere. Sólo los idiomas muertos igualan ambas funciones del idioma. Aún menos anecdótica es la forma en que buscan ya la apropiación de nuestra forma de pronunciar los todavía críticos con nuestra pronunciación en el momento actual. Puede parecer extraño, pero está ocurriendo fruto de un cinismo mal disimulado: En el centro peninsular, en especial en Madrid, ya se presume de la pérdida de la «d» intervocal y de la «s» final, que efectivamente se están perdiendo e igualándose al andaluz.

Pero lo peor, lo más grave y lo más resaltable, es que después de criticar a los andaluces durante siglos por nuestra forma de hablar, por «hablar mal», según los críticos, no solamente presumen de esas pérdidas, sino que se permiten acusar a las zonas más al norte, dónde también ha empezado a perderse, de «copiar a Madrid», en un vano e hipócrita intento de erigirse en «inventores» de la caída de la «d» intervocal.

En todo caso, ni reconocen ni se ruborizan después de siglos de vejar al andaluz desde la escuela al locutorio o al plató, de estar aprendiendo de quienes tanto han vejado.

La formación del idioma

Ya se ha dicho: un idioma no es algo que aparece un buen día; no es algo que alguien inventa y los demás se ponen a la tarea de hablarlo y escribirlo de antemano. Nadie, en particular, crea un idioma. Los idiomas se crean a sí mismos y toman forma a lo largo de siglos.

El idioma en sí, la base, no es la escritura, es el habla. El idioma se forma y evoluciona desde la comunicación oral. La escritura es la forma de representarlo. Las normas gramaticales o semánticas de un idioma no son algo impuesto, ni mucho menos previo a la existencia de ese idioma. Son principios, detalles apreciables en él. Del mismo modo que la formación y existencia del idioma es un proceso completamente espontáneo, natural, su interpretación y disección o *normalización* no puede ser impuesto por alguien, por eso sólo se puede hablar de normalización. Se puede ser el mejor gramático del mundo, pero ningún gramático es creador de unas normas para hablar o para escribir. Por el contrario sólo se puede ser *seguidores* de esas normas que han ido apareciendo, han ido dándose a sí mismos por el idioma en evolución.

Esas normas se recogen, se ordenan, se recopilan. Pero no se pueden decidir.

Esto, tan simple, es difícil de asimilar por muchas personas, en especial por los políticos que, con frecuencia, exigen a la Academia de la Lengua (RAE), que recoja o imponga alguna palabra, acepción o variante de palabra.

Por todo ello lo primero que se debe insistir es que los idiomas no se hablan bien ni mal, nada más si se utilizan palabras con significado distinto a lo que se ha querido decir, con lo cual sólo ayudarían a confundir.

También en esto los políticos son especialistas. Han llenado el diccionario con significados que no corresponden a la palabra utilizada. Será incultura, desconocimiento, olvido de la palabra concreta en un discurso, caso extraordinario, porque sus discursos parlamentarios y muchos callejeros y en otros actos están siempre escritos, o al menos casi siempre en actos públicos y callejeros.

Por citar algunos ejemplos, véanse los que siguen a continuación, que, lejos de ayudar a la comunicación, han obligado a incluir conceptos no definidores de lo que se pretende definir. Si entran, no es porque la RAE lo quiera, sino porque muchas de esas barrabasadas gramaticales han hecho mella en la gente, que lo repite y lo sigue.

Veamos algunos ejemplos: Un *parámetro* es una ecuación en el recorrido de algunas curvas. Sin embargo se usa como unidad de medida, en sustitución de otras palabras que sí tienen ese significado, como: contenido, criterio, indicadores, medida.

Especular es **alterar intencionadamente el precio de las cosas para obtener beneficio**. Se utiliza con frecuencia como sinónimo de conjetura, disquisición, elucubrar, estimación, hipótesis, supuesto, calcular, imaginar, suponer.

Puntual proviene de *puntualidad.* Significa llegar a punto. Estar a la hora convenida en el lugar correspondiente. Sin embargo se usa para sustituir a: circunstancial, momentáneo, ocasional, temporal, coyuntural, transitorio.

Estos tres ejemplos son los más extendidos. Junto a otros, por fortuna menos extendidos, están consiguiendo empobrecer el idioma. No lo enriquecen, confunden y empobrecen porque disminuyen sensiblemente el número de palabras, dado que cada una de ellas, sin definir lo que pretenden, llega a sustituir a un número mucho mayor de vocablos que sí definen lo que se ha querido decir.

Los idiomas los crean los pueblos a lo largo de siglos, como ya se ha dicho, en un proceso largo y lento y se mantienen vivos mientras se hablan. Hoy han empezado a correr el peligro de acabar con el idioma por confusión, debido a la incorporación de palabras que tienen un significado distinto del que se les atribuye, como en los ejemplos puestos más atrás.

La lengua andaluza

La lengua es una forma inequívoca de identidad, una de las más claras formas de Identidad, en tanto *delimita*, aclara el carácter de quien la habla. Más aún si se puede constatar la continuidad en ese lenguaje, en esa *forma* de expresión por encima del tiempo. La lengua es parte importante, indisoluble, de la identidad. Pero la lengua no el idioma, si tenemos por idioma la *norma* establecida para lo escrito y por lengua la forma de expresión, el *original* del idioma. Todos los idiomas pueden tener —y de hecho tienen si no todos, la mayoría— distintas formas de hablarlo. La *forma de hablar* se antepone y se superpone a la *norma*, la anécdota ya contada sobre la reacción de los senadores con el centurión, luego Emperador romano, Adriano, es muy ilustrativa a este respecto y, aunque aquel idioma y el actual tienen grandes diferencias, está claro que en ambos casos destaca una peculiaridad: la peculiar forma de hablar de los andaluces, que unas veces hace gracia y otras recibe críticas y burlas. Pero en todos los casos es una forma de expresión, de comunicación propia de un pueblo. Una forma que se extiende y va ganando espacio a otras formas vecinas que se habían auto titulado «correctas», pero que sin embargo parecen perder esa «corrección» sin ruborizarse. Sin ruborizarse no por supuesta incorrección, sino porque ahora, que lo han adoptado, es tan correcta como antes, cuando ellos mismos se burlaban de los andaluces.

Es un fenómeno que debería hacer recapacitar a los inductores de la crítica, a los defensores a ultranza del «habla correcta» (por *habla correcta* hay que entender el hecho de hablar exactamente como se escribe, algo que no se da en ningún lugar del mundo, y por supuesto tampoco en el Estado español, por mucho que profesorado, medios de comunicación escritos y audiovisuales y críticos de todo pelaje que han seguido a los primeros, se propusieran imponerlo alguna vez). Sin embargo —permítasenos insistir— nadie se ha conmovido, nadie ha sentido remordimientos, nadie ha pedido disculpas, cuando la «d» intervocal y la «s» final han empezado a caer a velocidad de crucero en toda la península. Aunque todavía queden quienes, en su deseo de hacerse notar como supuestos «finos y finas», «correctos y correctas», pronuncien la «h» como si fuera «j», y añadan una nota de ridiculez en un más que forzado intento de parentesco con el inglés, al pronunciar «jirou» la palabra «hero».

Se nos ha contado y mucha gente lo defiende como una verdad absoluta, unos por ignorancia aceptada, otros por interés no legítimo, que el castellano o español nace en San Millán de la Cogolla. El idioma se llama «castellano» porque fue oficial del reino de Castilla. Ahora se le llama «español» porque es oficial del reino de España. Pero eso no presupone el lugar concreto de su nacimiento. Ya se ha discutido y se ha razonado aquí que ningún idioma, ninguno, puede nacer en un lugar específico ni un día a una hora determinada.

Los idiomas *se hacen* a sí mismos por medio de evolución. Y evolucionan desde el principio, ya sea por la necesidad de comunicarse, sin base previa o con una base previa. El latín fue la *base previa* de la que partieron ocho nuevos idiomas, al deshacerse el imperio romano, en comunidades humanas que tenían un mínimo de factores e intereses comunes, puede ser un Estado o una zona que lo haya sido y mantenga similitud en el carácter de los grupos que formaron parte del mismo.

Durante los siglos de imperio y república romana, por necesidad de comunicación en un espacio extenso, porque los idiomas locales eran pobres en vocablos, por lo general, y también por necesidad mercantil, terminó por imponerse el latín. Durante esos siglos fueron perdiéndose, quedando en el olvido los lenguajes propios de los lugares integrados en el Imperio, por lo general de menor nivel cultural e intelectual. El latín se impuso por superioridad en comunicación y porque a todos los pueblos del imperio convenía expresarse en un mismo idioma.

El latín sirvió para dar cohesión al extenso territorio, en tanto facilitó la comunicación interna, las comunicaciones y las transacciones comerciales, así como la Administración.

El imperio se desmembró tras el desgaste sufrido, la incursión de los bárbaros y la caída del Imperio de Occidente bajo las espadas de las tribus *bárbaras*. Hubo zonas que estuvieron mucho tiempo sin administración, otras con una administración propia y algunas administradas por los pueblos recién llegados. En este tiempo se produjo un fuerte aislamiento entre las distintas zonas y provincias del Impero, lo cual rompió la homogeneidad que había mantenido Roma, al desintegrarse en varios estados nuevos y en zonas independientes. Se rompió, se acabó la comunicación interior dentro de lo que había sido imperio o república romana. Cada nuevo reino o lugar funcionaba independiente, desconectado del resto. Y se perdió la comunicación. Al perderse la comunicación común, el idioma siguió evolucionando, pero de forma distinta en cada lugar sin conexión ni ligazón alguna con el resto. Y se fue adaptando en cada sitio hasta, con el tiempo, formar un idioma nuevo, distinto en cada nuevo espacio.

El idioma evolucionó de forma distinta en cada sitio, porque, ya se ha dicho, la base es lo hablado. La escritura es una normalización convencional, no impuesta, no imaginada, simplemente una estructuración hecha a partir de lo hablado.

El resultado fue el nacimiento de varios *romances* con el tiempo convertidos en idiomas, cuando ya la diferencia entre ellos era notoria. A partir del siglo IV, procedentes del latín, se formaron los romances: aragonés, bético o andalusí (andaluz), catalán, castellano, francés (lenguas de «Oc» —Occitania—, y de «Or» —norte de la actual Francia—), gallego-portugués, italiano y rumano.

Al final de la Edad Media todas esas lenguas, todos esos romances ya podían ser considerados idiomas.

En el siglo XIII, en plena formación de los romances, es decir, en plena evolución-formación de los idiomas nacientes, se producía la conquista del Valle del Guadalquivir por las huestes de Fernando III «el santo». Ya el papado había declarado «cruzada» la conquista del territorio andaluz, con lo que mercenarios, aventureros de todo tipo, gente con ganas de luchar y de obtener botín y la indulgencia a sus pecados, se sumaban a las huestes conquistadoras. Fernando III era un guerrero incansable. Pero su heredero, el príncipe Alfonso —más adelante Alfonso X «el sabio»—, era un hombre culto, más pendiente de intercambiar cultura que batallas con los reyes de Granada. Incorporó a la corona la ciudad de Jerez y el reino de Niebla, que ya habían sido sentenciados por la acción guerrera de su padre, el rey anterior.

Alfonso X, escribía. Nos ha legado varias obras de historia y literatura escritas —se dice— en gallego. Más bien esas obras estaban escritas en romance castellano. Porque cuando llegó a Andalucía se encontró con un idioma en formación, el romance bético o andaluz, formado casi al 50% de palabras latinas y árabes (o andalusíes, para ser más exactos, porque ese idioma ya había sido adaptado a la naturaleza andaluza). El idioma era mucho más rico que el castellano que ellos llevaban, más comprensible, más culto. Habría sido un contrasentido dejar de hablar el andaluz para imponer el castellano, menos rico y también menos avanzado. Además, un idioma no se puede imponer en cuestión de unos años, ni siquiera de un siglo. Hay idiomas que han pervivido prohibidos, hablados sólo en la intimidad, y han vuelto a aparecer en cuanto la prohibición ha desaparecido o simplemente se ha relajado. Y casi siempre, han vuelto con más fuerza que antes de la prohibición. Es sumamente difícil, por no decir imposible, cambiar un idioma por otro. El caso del latín es distinto por especial, porque la adopción duró varios siglos y porque era más comprensible y rico, más práctico que los idiomas locales. Otra cosa es la influencia que un idioma puede ejercer sobre otro, mucho más cuando ambos se están formando. Pero en este caso siempre será el más culto, el más rico, el más expresivo, el que se puede imponer, nunca el más pobre y menos culto.

Como excepción a esta última regla, se puede considerar la adición de palabras inglesas al léxico español, adición motivada por la novelería y el complejo de inferioridad. Porque todas, absolutamente todas las palabras inglesas adoptadas por los hablantes españoles, tiene equivalencia, es decir, traducción literal.

En el caso del encuentro entre el romance andaluz y el castellano en la Edad Media, la única posibilidad existente es que se encontraran dos romances con raíz común, uno de ellos enriquecido por las palabras andalusíes que no existían en latín o que entrañaban mayor dificultad de pronunciación para los latino hablantes, o de asimilar para los menos versados, o que estaban más integradas, más asimiladas por los hablantes. Por estas razones sumadas a la labor del nuevo rey, Alfonso X, que, por su nivel cultural comprendió la conveniencia de adoptar el andaluz, fue el romance de Andalucía el que se impuso y se popularizó a partir de aquel momento. Luego, cuando ya estaba solidificado, la zona norte, la de menor influencia andalusí, lo pronunciaba de la forma más similar a la escritura, porque lo tenía que aprender. Precisamente porque el idioma escrito sólo puede venir detrás del hablado, condición que se daba en la zona sur, creadora, más que en la zona norte.

Sin duda se puede aprender de todo el mundo. La gente mayor puede aprender de los niños y los profesores de sus alumnos. Pero, salvo error grandemente notorio, aprende más el alumno del profesor, más el inculto del culto. Las cuarenta mil palabras procedentes de la lengua árabe-andalusí insertas en el idioma llamado «español» dan fe de su procedencia andaluza. Tan poco probable es que un idioma se abandone para imponer otro menos culto, como que, con la tradicional enemistad castellana hacia lo árabe y lo moro o norteafricano, enemistad que todavía perdura, pudiera el idioma del norte peninsular incorporar tal número de palabras procedentes del andalusí. Es evidente que aquellas palabras sólo podían haber entrado a través de Andalucía y no de forma aislada, sino ya inmersas en el idioma andaluz que quedaría completado entre los primeros, si no el primero, probablemente a principios del siglo XV. Es lo más probable, porque cuando Antonio de Nebrija hizo su estudio y determinó la gramática del idioma, este ya tenía que estar formado. No se habría hecho una gramática de un idioma romance, un idioma en plena formación. Porque el idioma ha seguido evolucionando desde entonces y seguirá, mientras haya quien lo hable, pero su primera etapa, la conocida como romance, se diferencia notablemente de la segunda, a partir del siglo XV —en algunos otros idiomas del XVI—, momento en que ya se considera un idioma.

Esto desmonta la teoría del nacimiento del conocido como castellano en San Millán. De hecho, el castellano o español sería el único idioma del mundo que nace en un lugar concreto y en un momento determinado, algo que contradice de plano la forma en que evolucionan los idiomas. Todos los idiomas del mundo

Ocurre que, aunque el idioma llamado castellano o español, en realidad nació en Andalucía, Alfonso X tuvo motivos sobrados para adoptarlo y, a partir de esa adopción se impuso como idioma oficial del reino de Castilla, con lo cual se le dio el nombre de «castellano». Igual ocurre ahora, que al ser el idioma oficial del reino de España se le llama «español». Pero ni una denominación ni la siguiente justifican que haya nacido dónde se dice. De todas formas, quien tenga oportunidad de visitar el Monasterio, tendrá ocasión también de sumar una razón más: el códice que, dicen, marca el nacimiento del idioma, está retocado, al parecer raspado con algún elemento cortante, según testimonio de algunas personas que lo ha visto.

Lengua e Identidad

El lenguaje, la forma de expresión de los andaluces, es uno de sus signos de identidad, como todos los idiomas son signos de identidad de algún o algunos pueblos. Como signo de identidad y como forma de expresión, merece el mayor respeto porque es una seña de identidad y una forma de expresión de un pueblo. Aunque habláramos y escribiéramos un idioma nacido en la Comunidad de Castilla-León, aunque lo que se habla en Andalucía fuera tan sólo una variante de ese idioma, sigue siendo una forma propia de expresión. Una forma propia que tiene siglos. Y una forma de hablar que, por ser propia, es definitoria y tiene exactamente la misma dignidad que pueda tener cualquier otra. Aunque el idioma que hablamos hubiera nacido, como se dice, en un Monasterio de La Rioja, cosa que ya se ha desmentido.

Pero como realidad hablada con estructuración propia, propicia para la escritura, estamos obligados a exigirlo, a defender nuestro idioma y nuestra forma de exteriorizarlo, pero jamás a cambiarlo por otro. Si cometiéramos ese error estaríamos cediendo algo que es intrínsecamente nuestro. Estaríamos abandonando lo que hemos creado y regalando el idioma deducido por los andaluces durante largos siglos al Estado que nos utilizó y arteramente nos privó de él.

Estaríamos renunciando al legado de nuestros antepasados, estaríamos renunciando a lo nuestro. Y lo estaríamos regalando definitivamente a quien nos lo sustrajo, a quienes durante siglos han venido haciendo befa y mofa de nuestra forma de hablar, de la forma de hablar que al final están copiando, como siete siglos antes copiaron íntegramente el idioma y le aplicaron su nombre.

Y ahora que copian nuestra forma de hablar, pretenden seguir suplantándonos, queriendo hacer ver sin escrúpulos que la evolución responsable de la pérdida de unas letras *también* es obra de hablantes al norte de la línea de la «h» aspirada[10].

Nos discutirán que el idioma haya nacido en Andalucía. Pues que investiguen y después respondan. Con sinceridad. Pero negar que la «d» intervocal y la «s» final se perdieron en Andalucía siglos antes que en Castilla, o que la «h» se aspira, no es un error. En todo caso sería un horror. Un horroroso fallo, un fracaso del ansia de centralización reinante en los medios de comunicación, en la escuela, en la Administración y en la gente de la calle de ciertas comunidades del Estado español.

Nuestro idioma y nuestro lenguaje, nuestra forma de transmitirlo, nuestra forma de comunicarnos, aunque fueran los más pobres del mundo, seguirían siendo tan dignos como cualquier otro. Porque son una de las más claras muestras de nuestra personalidad, de nuestra iniciativa, de

---

[10] Se trata de una línea imaginaria, diagonal y ligeramente irregular, que abarca desde Lisboa a Orihuela y marca la diferencia de pronunciación, más concretamente, al sur de esa línea siempre se ha aspirado la «h».

nuestra creatividad. En definitiva, de nuestra identidad.

Cuidemos y defendamos nuestra identidad.

En esto no se puede ceder ni un sólo paso.

No se debe.

Porque, además que todas las formas de hablar son igual de dignas, la andaluza ni es pobre, ni simple, ni equívoca. Es, en palabras de Rafael Lapesa, «*la forma más hermosa de expresarse*».

Permítasenos la insistencia. El andaluz no es un español mal hablado. El andaluz es la lengua originaria que ha recibido el nombre de español por ser adoptado como idioma oficial del reino de España. No tenemos ningún motivo para renegar de él, ni para acomplejarnos, ni para renunciar a nuestro idioma y entregarlo a quienes nos han querido para apropiarse nuestra cultura. Sólo tenemos motivos para estar orgullosos de haberlo creado y para reclamar su paternidad, como nos corresponde por derecho propio.

VII
Mediterráneos, atlánticos y pacíficos

Ser pacífico es una de las señas de identidad del andaluz, y aquí las excepciones sí que confirman la regla y dan fe. El andaluz es pacífico y guarda una importante, seria y todavía desconocida relación con el Océano Pacífico. Indirecta, quizá, porque el agua es una. Así como la tierra está dividida en bloques continentales separados entre sí, y cuando no los separa la naturaleza se encarga el ser humano de separarlos *para cortar camino*, toda el agua de todos los mares, excepto los escasos interiores, están comunicados directamente entre ellos, el agua, las dos terceras partes del planeta es una unidad.

Es la unidad del agua y más aún, es la unidad del Continente americano, lo que añade a Andalucía como una parte importante de su Identidad y del mismo modo la relación con Continente y Océano forman parte de la identidad de Andalucía.

Si se analiza la Identidad por grupos humanos regionales (no confundir con las regiones en que estuvo dividido el Estado español hasta final del franquismo y que muchos parecen querer rememorar, en especial los periódicos, con tanto hablar de «región»), Andalucía no es una región aunque recibiera ese nombre desde 1834. Andalucía es parte integrante de la región mediterránea. Forma parte de ella, se ha «criado» en ella y comparte rasgos de su personalidad, de su historia, de su carácter, de su economía: de su Identidad. Y forma parte también de la región europea.

Con más motivo aún, Andalucía es americana, o más bien América es andaluza. Tienen una interesante, fructífera relación de amistad y encuentro Andalucía y América del Sur y Centro y gran parte de la América del Norte estadounidense. Andalucía es americana o mejor América es andaluza. Andalucía llevó a América su filosofía pacífica de la vida al mismo tiempo que su rebeldía, que alimentó las independencias y las revoluciones en el Continente, su idea de apego al territorio, gran parte de su folklore, que volvió en los *cantes de ida y vuelta*. Y el idioma. El idioma, los giros del idioma y la forma de hablar. No se olvide que menos de treinta millones de personas hablan «español», es decir, la variante de la Submeseta norte. Pero más de cuatrocientos millones hablan andaluz. Y es pacífica y Pacífico porque este Océano baña la orilla occidental del Continente y en él se encuentran las islas —Filipinas, Marianas y Carolinas— cuya amistad y cooperación se han minorado o perdido a causa de la indiferencia, el imperialismo, el desinterés, la falta de empatía del espíritu español, pero en Andalucía se les recuerda con simpatía. Es lo más que puede hacer, inmersa dentro de la dinámica impuesta por el totalitarismo hispánico-peninsular.

La relación histórica íntima de Andalucía con todos los países ribereños del Mediterráneo, con unos más que con otros pero con todos, y con América y Filipinas, tiene un fuerte contenido social y político. Pero todo parte y es parte de la identidad. Por eso Andalucía debe reivindicar su papel en las relaciones con estas regiones, debe ser el puente entre ambas. Lo sería si la administración de Andalucía hubiera recaído en personas que sintieran por ella algo más que el deseo de mantenerla al servicio de los grandes grupos de capital, y tuvieran alguna finalidad más que la de utilizarla en beneficio de una «patria» común, que es la menos común de las patrias.

Si pudiéramos disfrutar de unos gobernantes amantes de Andalucía, no solamente de presuntuosos en lo anecdótico, Andalucía ya habría establecido contactos culturales y mercantiles cuando menos con las comunidades de mayor afinidad —Algarve, Andévalo, Azores, Canarias, Cataluña, Estremadura, Extremadura, Madeira, Murcia— y con los estados ribereños, en especial con las zonas más afines histórica y culturalmente: Argelia, islas, Génova, Grecia, El Lazio, Libia, Liguria, Marruecos, Nápoles, Sáhara Occidental, Siria, Toscana, Túnez y algunos más. Lo mismo se habría establecido ya con América y con los archipiélagos. En ambos casos un estrechamiento de relaciones que lleve a pensar a unos en los otros y viceversa, que sea un encuentro cultural y económico capaz de recoger la realidad histórica, la Identidad extensa de todos estos territorios, desde Siria hasta el Algarve, desde California, Oregón, Nevada o Louisiana a la Tierra del Fuego y de esas islas no perdidas en el Índico. Andalucía puede y debe ser el imán capaz de acercar y el pegamento capaz de soldar y solidificar una relación estable entre el Mediterráneo, el Índico y el lejano Atlántico-Pacífico americano.

Aunque el mundo y las relaciones entre estados se han establecido en base a la economía, a los intercambios económicos, la economía enfrenta. La economía y la religión, que tienen un principio común —de hecho los templos en la antigüedad eran centros de intercambio económico—, son las responsables de todos los enfrentamientos, de todas las guerras que han convulsionado al mundo. Es necesario buscar un acercamiento por la cultura. Es muy importante el conocimiento y el encuentro de culturas similares. distintas y derivadas entre sí. En definitiva, se refieren a identidades con algo, o mucho en común. Eso ocurre con Andalucía y América, dónde todavía residen recuerdos de Andalucía de norte (a pesar de la influencia británica), a sur, y con Filipinas, Carolinas y Marianas, aunque más diluidas con las dos últimas, a causa del estrago norteamericano.

Las culturas no se enfrentan aunque sean dispares, al contrario, las culturas incitan al conocimiento, al mestizaje, a la confrontación en positivo, al entendimiento, al acercamiento. Las culturas enseñan, se aportan mutuamente. Hacen amigos. Y entre amigos todo es más fácil, las relaciones comerciales, también.

El mundo necesita un cambio de rumbo, esencialmente en lo económico. Por el camino actual va directo a su auto destrucción. Lo saben perfectamente incluso quienes más hacen por destruirlo, quienes más niegan su responsabilidad centrados en el beneficio económico, pero continúan su labor destructiva porque son conscientes de que por más daño que puedan hacer, la destrucción nunca será inmediata, aunque se puede acelerar, pero con eso no cuentan, creen que va a durar mientras ellos o sus herederos puedan sacar beneficio. Sin embargo, la destrucción del mundo se acelera a mayor ritmo que su propio lucro, porque la degradación avanza como una bola de nieve. Pero son personas de una edad ya notable, piensan que no estarán en el mundo en el momento de ver el resultado de su «obra», el momento de la destrucción final, que será gradual y a lo mejor hasta confían hallar un rincón dónde guarecerse de la destrucción hecha por su propia irresponsabilidad y egoísmo. Y, sobre todo, en especial, están tan centrados en sus negocios, en su aumento de poder, que no valoran esa realidad que es la aceleración hacia el final al que nos llevan a todos. Lo que queda claro es que incluso su propia descendencia les preocupa muy poco, si es que les preocupa algo.

Es una cuestión de cultura, en este caso concreto de contra cultura o, mejor, de anti cultura. Por eso la solución está en la cultura. La solución está en las culturas.

Andalucía, como centro del Eje Atlántico-Mediterráneo, como elemento aglutinador que forma parte de los dos grupos, las dos regiones y como histórico baluarte cultural, absorbente y al mismo tiempo dador de alicientes culturales, es quien más posibilidades tiene para ser el puente entre estos dos continentes, teniendo en cuenta que a largo plazo la extensión máxima del Mediterráneo puede estar, al norte en toda Europa, al sur en toda o gran parte de África. Andalucía, por su historia, por su idiosincrasia, por su capacidad para el encuentro pacífico, por su posición, por su iniciativa e inventiva, en definitiva, por su Identidad, es la Comunidad ideal para aglutinar esta nueva y necesaria forma de relación mundial, basada en el hecho cultural, en el mutuo respeto de todas las culturas a todas las culturas, a sí mismos y a los demás y supeditar la economía al dictado de la humanidad, de lo humano.

El nuevo humanismo mundial puede venir de forma preferente por la asunción y difusión de los valores andaluces, pero para eso es necesario que Andalucía los recupere. La solución es recuperar su propio ser y exportarlo haciendo amigos. *La Economía del tercer camino, La Economía del bien común*, todos los movimientos liberalizadores y humanizadores tienen un terreno abonado en Andalucía, en lo intrínsecamente andaluz.

Para ser más útiles a si mismos y al resto de la humanidad, Andalucía necesita con urgencia liberarse de los poderes que la atenazan y hacen fuerte esfuerzo para despersonalizarla, para hacerla olvidarse de sí mismos, para soltarse el lastre de la dependencia de unos poderes que sólo viven y aspiran al beneficio inmediato a costa de la explotación, de la depredación de los pueblos.

Todos los pueblos oprimidos necesitan liberarse. Andalucía doblemente, por la opresión que sufre y porque su trabajo y su ejemplo podrían dar un vuelco al camino abierto y obligado a seguir por el gran capitalismo.

Por eso, también, Andalucía necesita *Volver a ser lo que fuimos*.

Esta es la mejor forma de identificar y sacar partido a nuestra Identidad. Y, con ello, de aportar a la humanidad un caudal impresionante, de luz y fecundidad, de remedio al mal que está terminando con la vida en el Planeta, una forma de vida verdaderamente revolucionaria desde la voluntad, el pacifismo y el ecologismo.

VIII
Negar la existencia de Andalucía

Identidad es el ser, es la propia existencia. Aquello que no tiene identidad, no existe. Escribía el profesor Ruiz Lagos en «*la conciencia autonómica de los andaluces*»:

«*El desarrollo dispar del capitalismo crea desigualdades entre unos pueblos y otros y ello engendra la* ***reivindicación nacional*** *en los pueblos deprimidos. Es un renacimiento complejo que no puede ser sólo explicado por las desigualdades del desarrollo monopolístico, sino por la intervención de factores más complicados como los culturales, históricos, psicológicos y políticos.*»[11]

En la medida en que a los gobiernos imperialistas, colonialistas, o simplemente autoritarios, les interesa disminuir, nublar o incluso eliminar totalmente la conciencia de los pueblos para dominarlos mejor, es evidente que permitirles un gobierno autonómico es, en principio, el camino menos indicado al efecto.

Pero es el camino más indicado para despertar la conciencia y sacar a flote la **identidad** con todas sus consecuencias, siempre y cuando algo se constituya en acicate para despertar la conciencia dormida del pueblo. Por eso los gobiernos —el español lo remarca— intentan hasta lo imposible para obnubilar el nivel de consciencia a fin de impedir el despertar y la recuperación de conciencia e identidad, directamente y por medio de gobiernos títere en las

---

[11] Ruiz Lagos, M. 1982, en *La conciencia autonómica de los andaluces.* Sexta, S.A.

comunidades autónomas, regidas por partidos centralistas entregados a las consignas y necesidades logísticas de las respectivas directivas o comités ejecutivos centrales de esos partidos. Lo peor que le puede ocurrir a una comunidad es ser gobernada por un partido centralista, cuyo objetivo final no es el bienestar de la Comunidad sino las órdenes emanadas desde el Comité estatal (llamado nacional).

Lo mismo cabe observar cara a los Estados incluidos en la órbita de otros o política y económicamente dependientes de otros, situación que claramente se puede observar en el continente americano y en el africano.

La situación de dependencia política y económica se agrava cuando un Estado más poderoso explota las riquezas naturales de otros. Pero los estados son gobernados por partidos, partidos que imponen a otros la dependencia, o que la aceptan, según en qué lugar estén. Habitualmente se dice, y probablemente sea cierto: *los partidos que con más fuerza se imponen desde la mayor potencia del Estado del que forman parte y hacen soportar a su pueblo en los dominados, son los conservadores o de derechas*. Cuánto más conservadores más mantienen esos «status». Pero ¿qué hacen los de izquierda o supuesta izquierda? Colaboran con el poder cuando no son destruidos por él. Supuesta izquierda ¿por qué? Los partidos de derecha tienen un claro comportamiento de derechas. Los que dicen ser de izquierda no son tan claros en su definición. Por el contrario, actúan con miedo, muchas veces adoptan posiciones y soluciones contrarias a la mayoría o claramente anti sociales, se entregan con facilidad a los guiños del poder en busca de posicionarse, o simplemente más que nada les preocupa obtener beneficios personales. Van «*en busca del votante*» dando por sentado que el votante rechaza planteamientos radicales o radicalizados y dan un mensaje de pretendida moderación que llega a no diferenciarse del de sus opositores, entre eso y su forma de actuación cuando están en el poder, no pueden ilusionar al votante.

Después de cuarenta años de Autonomía en Andalucía, los partidos que la han regido o la vienen rigiendo, han hecho llegar a los votantes a la conclusión de que la autonomía es falsa. Que no sirve. Porque la mayoría no se da cuenta que los engañan, se deja llevar por frases y simpatías en la imagen de sus líderes y en su lugar sólo ven que la autonomía no resuelve su problema. No se puede culpar al Estado, que es quien conserva el poder y, en este caso, es una idea consolidada, pero sí puede culparse a la Autonomía que es más nueva y más cercana. Aunque en realidad la ausencia de solución no provenga de la figura de la autonomía en sí, sino de la forma de dirigirla por aquellos que la rigen.

Esta es la faena de los partidos centralistas, sean del signo político que sean. Y esto hace que la identidad, aunque despacio, vaya perdiendo definición. Primero porque a los partidos españolistas, desinteresados en la autenticidad de la Identidad andaluza, interesados por tanto en su indefinición, se preocupan más de todo cuanto pueda entorpecerla que en cuanto pudiera ensalzarla y definirla. Como consecuencia la *mayoría silenciosa* cada vez más mayoría y mucho más silenciosa que se queda con lo superficial, se desinteresa de su propia personalidad. Como no la conoce pierde interés en conocer y en mantener su Identidad.

Esta realidad es el mayor hándicap con que se encuentra la Comunidad. Se ha dicho aquí que al poder central le interesa despersonalizar a la Comunidad andaluza para dominarla mejor y sin oposición. Andalucía ha sido protagonista de muchos movimientos liberalistas, progresistas, de liberación de sí misma y de todo el pueblo del Estado. Ha constituido, digámoslo en pocas palabras, un grano para el poder central. Y el poder central ha respondido con todos los medios disponibles, que son todos, para ocultarle su verdadera historia, su verdadera esencia. Su realidad propia.

La existencia histórica de una fuerte personalidad autonomista es algo que ratifica la identidad de Andalucía. Por eso los centralistas necesitan negarlo, y hacen todo lo posible para revertirlo, a fin de llevar adelante su proyecto imperialista.

Durante la transición, el principal inconveniente ideado por los partidos centralistas de todo signo político, era «la escasa conciencia autonomista de los andaluces» que no reclamaban la Autonomía. Decían eso y sin embargo existían de forma simultánea no menos de una docena de organizaciones de exclusiva obediencia andaluza y federales y un número mayor de grupos culturales y sociales, que reclamaban la Autonomía, siempre con las mayores competencias posibles, antes incluso de la redacción de la Constitución, hecho que desmentía con claridad meridiana el aserto de la «falta de conciencia autonómica». Este punto es de la mayor trascendencia, porque todavía no se sabía que la Constitución incluiría dos tipos, dos grados de Autonomía. Por tanto, esta exigencia de los partidos y los grupos culturales andalucistas desmiente de forma categórica que Andalucía reclamara la mayor autonomía posible por «mimetismo» o por agravio comparativo con las comunidades del norte.

Andalucía ha sido independiente en varias ocasiones a lo largo de su historia: antes de la llegada de Cartago, a la caída del Imperio romano, durante la dominación goda, durante la etapa andalusí; ha defendido su independencia con frecuencia durante la ocupación cartaginesa y la visigoda. Y desde la conquista castellano-leonesa, declaró su independencia en 1641, protagonizó el levantamiento contra Napoleón, coordinado por la Junta Suprema de Sevilla, el movimiento juntero, la revolución de 1868, que terminó con la «pacificación de Andalucía» y el ignominioso beso a la frontera, por el que el vencedor, General Pavía, certificó que había una frontera entre Andalucía y España; o la proclamación de la I República. Andalucía siguió reclamando su Autonomía durante todo el siglo XX, hasta el golpe de Estado y la guerra civil 1936-1939, que enterró todo atisbo de democracia, reclamación recuperada desde 1974, con la creación de los Grupos de Compromiso Político (CP), convertidos en 1976 en Partido Socialista de Andalucía (P.A.) y la Asociación «Averroes Estudio Andalusí». El amor, el deseo de independencia, la reclamación de Independencia y Autonomía en distintos momentos históricos, ha sido, es una constante en Andalucía. Es parte integrante de su «ADN». Es parte integrante y fundamental de su Identidad.

Otra cuestión será que, en según qué momentos y circunstancias, como la actual, el pueblo andaluz olvide temporalmente su necesidad de

Autonomía o no se reclame Independencia. En este capítulo, más atrás, se ofrece el análisis y se han dado las condiciones. Andalucía puede ignorar en este momento su derecho a una Autonomía plena, veraz, real. Los partidos que la han gobernado y gobiernan han empleado muchos medios para hacerle creer que la Autonomía *solo sirve para gastar dinero.* Pero *el desconocimiento de un derecho no priva de él a quien tiene ese derecho*. Y *los delitos contra las naciones no prescriben nunca*.

Andalucía lleva en los genes *pasión* por la independencia.

Por ser ella misma.

Es parte de su ser

Es parte de su Identidad.

Andalucía es profundamente nacionalista, pero castigada durante siglos, manipulada, obligada por la enseñanza, por la propaganda, por los medios de comunicación, por el engaño, por la manipulación y la apropiación de su cultura, su historia, su arte, su Lengua, por la presión continuada, no es consciente de ello en este momento de despersonalización generalizada, de machacar las identidades nacionales en nombre de una falsa «globalización» que no pasa de ser mundialización de la alta economía para acabar con el dinamismo de la economía sostenible y doméstica.

El trabajo de siete siglos desarrollado por quien tiene medios y tiempo para desarrollarlo, el Gobierno, la Administración y sus servidores, está dando frutos. No es realmente un triunfo para ellos, que después de todos los medios y todo el tiempo invertido, sólo haya producido una despersonalización parcial en cierta mayoría de personas, pero con efecto tan tenue, tan débil, que la personalidad de Andalucía renace con fuerza en cuanto lo permiten las circunstancias, como ocurrió el 4 de diciembre de 1977.

Y hay que reconocer que la ineptitud y el egoísmo de gobierno y oposición, llevan haciendo méritos desde hace cuarenta años, para que se dé otra erupción como aquella o incluso de superior fuerza.

Si continúan forzando la maquinaria para desposeer a Andalucía de todas sus características personales y para ello siguen privándola de los más imprescindibles derechos, como el trabajo, la vivienda, la sanidad, en definitiva: el salario y los servicios fundamentales, pueden estar seguros que la erupción se dará. Y será sonada.

IX
Olivos milenarios

Aunque el árbol nacional andaluz por naturaleza es el Pinsapo, seguido del Quercus (encinas, alcornoques y quejigos), el olivo es el árbol más popular, quizá el más característico de Andalucía. A pesar de que, según los amigos de la «importancia de la importación» también lo trajeron los fenicios, que no sabemos qué habría sido de Andalucía sin ellos porque «si no llegan a venir es de suponer que ni existiríamos». «Esto sería un desierto». Un desierto lleno de árboles que los invasores no habrían necesitado quemar para aposentarse en nuestras ciudades que, como es lógico, tampoco existirían. «Hay que ver que gente tan buena, tan santa, que tanto trajeron aquí y qué poquito se quedaron en su tierra». En especial qué poquito hay en su tierra con alguna similitud a lo que, supuestamente, hicieron aquí, salvo los olivos, que cundieron bastante más que allí, por cierto. Lo cierto es que esas «importaciones» adjudicadas a los fenicios están absolutamente (y vergonzosamente, quede claro) faltas de documentación, son simplemente imaginadas, supuestas, pero plenamente de imposible demostración.

Según esta arqueología «pro fenicia», por encima de todo ni siquiera se sabe ni cómo podemos tener identidad, «porque todo viene de fuera».

Más vale ponernos serios.

Que podemos empezar hablando de olivos para terminar con la dignidad y categoría del ganado retinto. Eso es precisamente lo que se pretende, porque el capítulo gira en torno al mundo rural en toda su extensión y si dilucidar el mundo rural tiene algo que ver con nuestra identidad de andaluces, o si es algo distinto.

Agricultura y ganadería también marcan a su medida la personalidad de cada pueblo, la primera más, si cabe. No es lo mismo especializarse en cultivar sorgo, o maíz, o arroz de forma exclusiva o casi exclusiva, que disponer de una agricultura más variada. Quizá eso es lo que nos ha dado una variedad tan valiosa.

La agricultura es la tierra, es el producto de la tierra que el ser humano transforma, utiliza y debe mantenerla para seguir alimentándose, sirviéndose de ella. El ser humano se adapta a lo que su entorno físico le ofrece y a lo que le permiten sus características específicas. No es lo mismo cultivar en un entorno montañoso que en uno llano, en un terreno árido que en la vega de un río, en terreno seco o húmedo, pedregoso o de tierra suelta y moldeable. Todo ello condiciona el tipo de cultivo y el dedicarse con preferencia a la agricultura o a la ganadería. Las comunidades que carecen de suelo o estos son menos fértiles, es normal que se acerquen más a la ganadería, porque el pasto suele crecer en todos los suelos.

La agricultura depende del agua, no es lo mismo el cultivo en los suelos húmedos, siempre inundados de Indochina, que en los limos de un rio desbordable como el Nilo, aunque la gran presa de Asuán lo haya convertido en terreno regable, que en un espacio lleno de ríos, afluentes y capas freáticas, todos conectados como vasos comunicantes, como venas de un mismo cuerpo que reparten su humedad a todo el territorio llano, y a la mayor parte del montañoso, que es el caso específico de Andalucía.

Distintas formas de trabajo llevan a distintos comportamientos. Eso es **Identidad**. Cuando menos forma parte de ella.

La agricultura modela al ser humano, sus normas, sus costumbres. Y es el primer paso en lo económico. La industria, que también condiciona, puede ser activa o pasiva. O estar ausente. Pero la agricultura, como actividad económica, es la base y tiene que mantenerse.

Un caso concreto y específico, que demuestra la ligazón de la tierra con el ser humano a través de la agricultura, lo protagonizó el olivar andaluz cuando la Unión Europea, todavía Mercado Común, quiso acabar con él, recién ingresado el reino de España en el organismo europeo.

La Comunidad Económica Europea decidió minorar drásticamente la superficie ocupada de olivar, que, en unos años, debería limitarse a: la mayor parte de la provincia administrativa de Jaén, la Subbética y la comarca de Estepa. En obediencia a esa orden, comenzó el arranque de olivos. Entonces los agricultores centro europeos y las autoridades de la CEE se dieron cuenta que el olivar andaluz salva los cultivos de cereales de Centroeuropa, porque en él invernan los pájaros insectívoros que lo mantienen limpio de insectos durante su etapa de cultivo.

Se puede decir, con toda propiedad, que la ecología salvó al olivar.

Europa ordenó el cese inmediato del arranque de olivos, para no tener que envenenar sus tierras con fitosanitarios que envenenarían el trigo, la avena, la cebada, el maíz y todos los cultivos, veneno que se transmitiría a personas y animales y hasta podría inhabilitar la propia tierra como espacio de siembra.

Entonces se sacaron un as de la manga. Ante la necesidad de dejar vivir al olivar andaluz, había otra fórmula: no cuidarlo; no recoger la aceituna. Entonces se inventaron un «aliciente» con la perversa idea de dejar abandonado el olivar en su mayor parte. Consistía en premiar a quien no lo cultivara. En vez de ofrecer subvenciones para atender al mantenimiento y mejorarlo, se destinaron al número de árboles; se financiaba a los agricultores en relación al número de olivos que tuviera la o las fincas de su propiedad. Se mantenían los olivos, pero se desmotivaba el riego, la poda, el cuidado y la recolección. Se pagaba más a quien tuviera más olivos, así se le animaba a dejarlos abandonados. Los olivos no mueren por no ser podados, simplemente producen menos. En Centroeuropa tendrían seguros sus cultivos de grano, pero conseguirían que mucha gente abandonara el olivar mientras pudieran cobrar sin trabajarlo.

Eso creyeron.

Se equivocaron.

Han sido muy pocos, poquísimos, solamente algunos grandes propietarios de la nobleza, quienes hayan abandonado el cuidado del olivar. Gracias a eso el olivar andaluz y sus derivados han seguido siendo competitivos.

Más aún: ha mejorado su producción a pesar del intento desmotivador de la Unión Europea.

Ha reforzado su identidad, porque está claro que aún en el supuesto de que los primeros olivos hubieran sido traídos de Siria, que es mucho suponer, con el paso de los siglos el olivar y Andalucía se han fundido y convertido en un mismo fenómeno.

El cultivo de toda especie agrícola es una *cultura* específica. Andalucía tiene la mayor superficie de olivar del mundo, la mayor producción y la mayor variedad de especies. Eso requiere una especialización que se adquiere con la práctica y se hereda de padres a hijos.

Y ya también se estudia.

La práctica de cada cultivo es una forma de cultura. Es una actividad básica que modela normas y costumbres. Por eso forma parte de la identidad de un pueblo, en este caso el pueblo andaluz.

Igual que el suelo, tipo de tierra y condiciones de humedad, lluvia y ambientales condicionan el tipo de cultivo, el ser humano decide qué cultivar, pero se encuentra limitado por esas mismas condiciones. Si no es igual sembrar en un lugar árido con temperaturas muy calurosas a sembrar en un espacio con buena tierra, humedad propia, facilidad de riego y buenas condiciones atmosféricas, tampoco es igual el ser humano que trabaja la tierra en un lugar u otro. El tipo de siembra marca la diversidad culinaria, la posibilidad de exportación y la necesidad de importación. Todo ello, a su vez, condiciona, marca, es decisorio en cuanto a la forma de trabajar la tierra. Y en el carácter de sus pobladores. Es posible que no tanto como otros factores, pero todos inciden y a su vez se ven marcados por la forma de entender el trabajo de la gente de cada sitio. Aunque pudiera ser considerado un condicionante, en realidad todos los factores que inciden en algo lo son, se trata de condiciones que modelan la forma de ser, de reaccionar, de comportamiento del ser humano.

El ser humano se ha desarrollado pegado a la tierra. Vive de ella, la transforma, la domina y es condicionado, incluso en ocasiones dominado por la tierra. Repercute en él el trato que se le dé, por ejemplo, cuando se actúa sobre una laguna o sobre un río, según como sea la actuación se gana o se pierde humedad, lo que repercute en la facilidad o dificultad de cultivo. Generalmente, por desgracia, más en lo segundo que en lo primero, este es el problema de ignorar la estrecha relación que hay entre la agricultura y la ecología, es el problema de no llegar a comprender que la tierra nos da lo que necesitamos, pero exigirle más de lo que nos puede dar es un maltrato que siempre nos devolverá de una forma u otra.

Sin darnos cuenta, porque la Identidad es visible pero inmaterial, buscar el sustento o la depredación para beneficio particular, también son señas identitarias.

En definitiva, las condiciones de cultivo de cada variedad, de cada tipo de agricultura, hace que su gente interactúe de una manera determinada. Y, junto a ello, la posterior comercialización y las distintas formas de trasladarlo a la cocina, hacen mella en, forman parte del carácter de esas personas.

X
Autonomía vigilada

El Estado español sufre de «provincianitis». Un mal derivado de la imposición de una forma de división administrativa que no tuvo en cuenta al territorio ni la realidad social de quienes lo habitaban. Y a pesar de todo se sigue obligando a considerarla origen y base de la Administración. «Base» es una imposición administrativa. Pero «origen» es algo natural. Por tanto es radicalmente falso que la provincia, una entidad todavía reciente, pueda ser origen de la Administración

En 1834 se inventó la provincia para dotarse de una nueva división administrativa, hecha a imagen y semejanza de la francesa. Las unidades francesas recibieron el nombre de departamentos y las hispanas el de provincias. Pero el objetivo era el mismo: unificar todo el Estado desde el punto de vista administrativo ***y político***, lo que suponía eliminar todo vestigio de la administración o administraciones anteriores con todo lo que ello conlleva en cuanto a costumbres, mentalidad, usanza, hábito, inercia. Y, junto a esa centralización cultural, esa absorción de los temperamentos, las culturas, las identidades de toda la periferia, centralizar la administración y la vida; y en lo político dominar todo el territorio desde la capital. Pero ello alcanzó a más consecuencias, porque se empezó a fabricar una nueva mentalidad. La nueva división, hecha con el objetivo de centralizar, centralizó a varios niveles, administrativos, políticos y culturales; y además de la Administración del Estado, creó nuevas centralidades, concretamente cincuenta, en cada una de las provincias. Y promovió muchas otras divisiones en el sentido de enfrentamientos, además de la administrativa.

La división se hizo con criterios aparentemente geográficos, pero en realidad cabría preguntarse qué geografía conocían los gobernantes y técnicos del momento. Porque no se respetaron los límites de los reinos ni de las comarcas, con lo que unos y otras quedaron rotas; los reinos, algunos mutilados en beneficio de provincias que quedaron super-engordadas; las comarcas separadas en dos o tres unidades, cada una de ellas adscritas a una provincia distinta. Se trasvasaron territorios, términos municipales, como si se pudieran mover, se «sacaron» de un reino y se «trasladaron» a otra «región»[12]. Era el nombre, único reconocimiento a la realidad histórica porque mantenían en gran medida el territorio de los antiguos reinos, adjudicado a las agrupaciones de provincias que hoy forman las comunidades autónomas, en aquel momento sin función política, económica ni administrativa de ningún tipo. En consecuencia, se rompieron comarcas, que quedaron divididas entre dos provincias y en algunos casos entre dos regiones. Es el caso, entre otros, de El Aljarafe, la Alpujarra o la Sierra de Aracena y de algunas poblaciones específicas obligadas a formar parte de una provincia aunque hubieran querido quedar enclavadas en otras. O de

---

[12] Este fue el nombre recibido por las comunidades autónomas actuales, excepto aquellas formadas a partir de una sola provincia (Cantabria [Santander], La Rioja [Logroño], Madrid y Murcia), desgajadas de su correspondiente «región» y la de Castilla y León, resultado de la unión de las provincias de ambas «regiones» excepto La Rioja y Cantabria.

las poblaciones de la franja norte de Andalucía, más concretamente el sur de las actuales provincias de Ciudad Real y Badajoz, que fueron las poblaciones «trasladadas» respectivamente desde las de Jaén y Sevilla.

La división provincial de 1834, por tanto, no se limitó a imponer un cambio en la Administración. Buscó algo más y todavía más graves fueron sus consecuencias, aunque esas consecuencias posteriores hubieran estado o no en el proyecto de sus promotores: la reina gobernadora y el ministro Javier de Burgos.

En vez de igualar la Administración en todo el Estado, la nueva división supuso la desaparición de los reinos y con ello sus atribuciones, desapareció una autonomía real, reconocida aunque sin estatutos ni referéndum. Esta fue su primera consecuencia. Le siguió, también consecuencia directa, el control de todo el territorio por medio de los representantes del gobierno, los gobernadores civiles, simples intermediarios de la Administración del Estado, en general agentes del gobierno para facilitar ese control. Progresivamente los gobernadores civiles fueron aumentando sus atribuciones, con ello su poder, hasta el máximo alcanzado durante el franquismo, en que tenían potestad intimidatoria propia, para sancionar, incluso con cárcel sin intervención judicial. Esa facultad sancionadora y ejecutiva, ha vuelto a ponerse en manos de Ayuntamientos, Diputaciones y otros organismos administrativos, en particular Hacienda, que los han convertido en juez y parte en los procedimientos, excepción hecha de la privación de libertad.

La creación de las provincias ha tenido una muy grave consecuencia. Tanto si se hizo con esa intención como en el caso de que eso no se hubiera previsto, pero fuera una oportunidad aprovechada más tarde, lo cierto es que en su germen tenía el virus del centralismo acendrado. Un centralismo doble, porque al genérico, sumó el provincial. Una ciudad se erigía en representante de toda la provincia a la que incluso prestaba su nombre, excepto en el caso de Euskadi en que las provincias reciben nombres distintos a los de las capitales. Un préstamo con interés usurero, porque la consecuencia fue el paso a segundo o tercer término de la inmensa mayoría de las poblaciones, muchas de las cuales parecen haber desaparecido, cuando menos nominalmente, absorbidas por la correspondiente capital de provincia.

En efecto, ya no se nombra a las poblaciones, pequeñas o grandes, ni siquiera a las comarcas. Ahora el jamón de la sierra de Aracena, por citar un ejemplo, es «jamón de Huelva», los vinos del **Condado de Niebla** ahora son del Condado de Huelva, ciudad que nunca ha sido condal. O los vinos *de la tierra* de Arcos o de Sanlúcar son *de la tierra de Cádiz.* Estos breves ejemplos sirven para hacerse una idea del trabajo de despersonalización, de centralización, llevado a cabo gracias a la proclamación de las provincias. Ya, ante un suceso o una producción en el Cabo de Gata, en Macael o en Águilas, no se nombra al Cabo de Gata, ni a Macael ni a Águilas. Por el contrario solamente se mencionan los nombres de Almería o Murcia. Así es siempre en toda la superficie estatal. Al dar su nombre a la provincia, la capital provincial ha capitalizado, ha absorbido a todas las ciudades, pueblos, villas, aldeas, lugares o barriadas de «su» jurisdicción. Es como si todos los pueblos hubieran cambiado su nombre por el de la capital. O peor aún: como si hubieran dejado de existir porque ya no se nombra a la localidad salvo contadas excepciones. Se está extendiendo el dar sólo el nombre de la capital de provincia. Y en las escasas ocasiones en que se da el nombre del pueblo, se cuida mucho recalcar, recordar a qué provincia "pertenece".

La provincia, por su capacidad para provocar enfrentamientos entre capitales y para absorber todas las capacidades de las poblaciones insertas en ella, es o se ha convertido con el tiempo, es igual, en uno de los mejores mecanismos para hacer desaparecer o desmotivar la identidad de Andalucía. La aparición de periódicos «provinciales» que sólo se ven en la capital —a veces poco más, a veces—, o digitales dedicados a una provincia concreta, con el nombre de la capital, que sin embargo y aunque no lo pretendan se pueden leer en todo el mundo, el lenguaje utilizado en los medios de comunicación o manejado por los políticos en apariciones públicas y las maniobras contra otras ciudades de autoridades locales y provinciales cuando su propia imaginación (falta de) les impide pensar en positivo para la población que representan, está incidiendo negativamente en un pensamiento tendente a colocar la provincia como centro de toda la política y de toda la administración, a imagen y semejanza de la capital del Estado.

Dice el profesor Ruiz Lagos a propósito de las diputaciones: «*...la estructura provincial, una superposición que delimita las unidades naturales de las comarcas y que, al tener personalidad jurídica y* *gerencial, contribuye a cercenar notablemente el poder generatriz del municipio y a consolidar un exceso de producto burocrático dependiente, a través del cual, tradicionalmente, se ha ejercido el poder central en el país. Por otra parte, perpetuar la estructura provincial pudiera potenciar la artificial insolidaridad que, en algunos casos se presenta dentro del territorio*».[13] El término «pudiera» ya puede ser eliminado. Es terminantemente notorio que la existencia de la provincia ya *ha potenciado la artificial insolidaridad*.

En la misma medida en que la obsesión de los gobiernos conquistadores es robar su personalidad a los conquistados, o cuando menos desfigurarlos, la división en provincias de los reinos de las Españas ha centralizado, pero no ha servido para configurar un país, una nación; no ha servido para aunar voluntades; no ha servido para unir, sino que ha creado mentalidades disociadas, con lo que ha contribuido a la desunión, a la descomposición de todo el Estado y las críticas y rencillas entre unos y otros, los intentos de acaparar, de recibir más prebendas que otros y en según qué casos obtenerlas, ha magnificado las diferencias naturales entre los distintos espacios considerados parte del Estado.

Hoy estamos en condiciones de afirmar, sin posibilidad de error, que la división provincial está triunfando en su misión de desconfigurar, de desvertebrar el territorio de Andalucía, para cumplir el propósito centralista e imperialista de deshacer, de hacer desaparecer la posibilidad de que Andalucía recupere su fisonomía psicológica, su carácter, para

[13] Obra citada pp. 22

que pierda su unidad. Para que, al dividirla, al crear fricciones en determinados momentos y lugares, sea más vulnerable, más manipulable, más débil y sucumba mejor ante el ataque consiguiente para hacerle perder su Identidad.

La división provincial realizada en noviembre de 1833. Puesta en marcha en enero de 1834 bajo el ministerio cristino de Javier de Burgos, ha devenido en el resultado más nefasto, negativo y perjudicial para Andalucía. El encargo de la reina a su Ministro de Fomento era *"la división del territorio como base de la administración interior"*. El estudio pertinente partió de otras propuestas anteriores, aunque reformaba los trabajos de 1821 y 1822, en los que se buscaba un equilibrio poblacional (no más de 400.000 hab.) y territorial.

El Decreto de 30.XI.1833, reconoce en su redacción la existencia de Andalucía y de los cuatro reinos que la forman, aunque *"...queda dividida en ocho provincias..."* Para nosotros, lo importante, lo grave, es que no se respetaron los límites históricos de Andalucía, un país tri-milenario; que Andalucía, como entidad, dejó de existir legalmente en aquel momento, y que en su estructuración interior se rompieron zonas tradicionalmente unidas, comarcas con siglos de historia en común se dividieron, para asignarlas por partes a distintas provincias, algunas, incluso, «trasvasadas» a otra «región». Precisamente, los mayores perjuicios que se han hecho a nuestra tierra como consecuencia de la creación de toda una nueva infraestructura administrativa, han sido la pérdida de territorios cedidos a otras comunidades y el enfrentamiento provocado por el crecimiento de los nuevos centros de poder, posibilitados tras la nueva estructuración política.

La provincialización, en palabras del profesor Gabriel Cano García «*es el instrumento de política territorial de un Estado centralizado con aumento de competencias y necesidad de establecer una administración uniforme y dependiente del poder, instalado en la capital; sin que los diferentes territorios —no ya históricos, sino ni siquiera los nuevos— tengan vida propia. El artículo 4 del Real Decreto de 30.XI.1833 indicaba que se ajustarán a las nuevas divisiones demarcaciones militares, judiciales y de hacienda, lo que tardó en cumplirse.*»

El profesor Tamames concluye de forma que viene a complementar lo anterior, con estas palabras: "*...hubo también una centralización de la política económica; la reforma monetaria, fiscal y arancelaria de mediados del XIX, más la instalación del ferrocarril, rompe los pequeños mercados; y los antiguos reinos, fraccionados en provincias, pierden su función económica, excepto el País Vasco y Navarra por el régimen foral.*[14]

El análisis del economista deja al descubierto lo que todos sabemos, pero se pretende disfrazar de forma subrepticia: cuál fue el verdadero objeto de la creación de las provincias como órgano administrativo y como se ha utilizado.

En 1945, 1950 y 1955, sucesivas leyes dieron a la provincia un doble carácter, local y de circunscripción del Estado, que, a partir de 1957, terminaba convirtiéndola en delegaciones, con lo que pierden competencias —las pocas que tenían— en

---

[14] Tamames, R. "*La lucha contra los monopolios*". 1979, Planeta

beneficio de los ministerios. Podría pensarse que este final no es responsabilidad del decreto de división, que los legisladores del siglo XIX no podían prever el uso que se le diera en el XX. Pero no es así. De las leyes sólo se puede extraer lo que está en su germen. Y la de 1833 se hizo para posibilitar el más acendrado centralismo. No se trató, por tanto, tan sólo de una más de las arbitrariedades centralistas del franquismo. Una *vuelta de tuerca* sólo es posible si hay tuerca. El franquismo amplió el objeto fundacional de las provincias, con lo que las vació del único contenido que pudiera justificarlas. Nada más. No se hizo más que utilizar una posibilidad que estaba en el mismo principio de la entidad, desde su creación.

Eso es lo que justifica que en su diseño no se respetaran los límites naturales que, al menos en Andalucía, han ido siendo conformados por su realidad geográfica y social. Al hacer la provincia, la personalidad del territorio no se tuvo en cuenta, quedaba en segundo o en tercer plano.

Bien es cierto que desde la Administración se demandaba, hacía tiempo, una reorganización capaz de homogeneizar las distintas estructuras administrativas que pervivían en los reinos de la Corona española, desde los tiempos de la conquista. Que se demandaban no significa necesariamente que se necesitaran o que fueran a resolver problemas que más bien, por el contrario, crearon. A principios del siglo XVIII, se realizó el catálogo de Ensenada y, en 1722 se presentaba por Garrigós el primer proyecto de intendencias.

Tampoco aquí se respetaban los límites exteriores de Andalucía si bien la división interior obedecía a la estructura original de los cuatro reinos. La diferencia inicial estribaba en que el segundo unificaba en uno sólo los de Córdoba y Jaén.

Durante todo el siglo XVIII hasta el citado 1833, se hicieron varias propuestas de división administrativa, aunque ninguna llegó a imponerse. Hubo una, la de 1810, bajo administración napoleónica, que dividía Andalucía en seis "prefecturas", —concesión al léxico francés— y cedía una gran extensión de terreno, por el este, a la de Valencia, dónde se incluía la actual provincia de Murcia. Asimismo, se perdían varios municipios del nordeste de Jaén. En la división definitiva, puesta en marcha en 1834, se recuperaban los territorios granadinos, pero se perdieron definitivamente los jiennenses. De la misma forma en el reino de Sevilla, aunque se recuperó el municipio de Guadalcanal, otras extensas zonas pasaron a formar parte de la provincia de Badajoz.

A pesar de todo, no fue esta la principal consecuencia territorial. Además de la pérdida de más de 3500 km^2 en el reino de Sevilla y de casi 1000 en el de Jaén, la división supuso el reparto de varias comarcas, entre dos o incluso más provincias y el paso de muchos municipios de una a otra.

La división provincial, en fin, ha tenido otras consecuencias perversas. La primera ha sido la despersonalización de muchas poblaciones. Especialmente en las de nueva creación la capital ha capitalizado —nunca mejor utilizada la redundancia— el trabajo, la iniciativa, el arte y hasta la existencia de los pueblos incluidos en la demarcación provincial correspondiente. Así, por ejemplo, no es extraño cuando una persona se desplaza, oírle decir "—voy a

Sevilla", si su destino es, por ejemplo, Carmona o Sanlúcar la Mayor; o "—Estoy en Jaén" si dónde ha viajado es a Bailén, Martos o Andújar. La provincia se ha colocado por delante de la localidad, la ha anulado. El problema se agranda en la medida en que, mentalmente, la provincia se identifica con la capital, que es de quien toma el nombre, porque ello lleva a ignorar completamente a la población original.

La segunda consecuencia, no menos negativa que las anteriores, ha sido la ausencia de una infraestructura interna de comunicación. Hasta 1833, Andalucía tenía tres polos de atracción de importancia: Córdoba, Granada y Sevilla, capitales de los correspondientes reinos y, con anterioridad, de al Andalus, y del califato nazarí.

Pero, a partir de la división provincial, todo se centralizó en Madrid. La división se hizo para facilitar una administración centralizada. Se mantuvo el nombre de Andalucía, por no negar la evidencia, para una «región» inexistente jurídicamente.

En consecuencia, las comunicaciones se establecieron en función de Madrid. No se concedía importancia a la necesidad de desplazamientos internos. Es más: se intentó impedir esa posibilidad como se sigue haciendo en la actualidad y el ejemplo ferroviario solo es el más gráfico y el más doloroso. Y el más deprimente: no es de recibo que se pueda tardar menos tiempo en ir desde Granada a Madrid que de esta ciudad a Sevilla, por ejemplo, situadas entre sí a menos de la mitad del espacio que separa Madrid de Sevilla, la tercera parte de la distancia que media entre Madrid y Granada. Desde aquel momento, todo el mundo *debía* estar *bien* comunicado con Madrid. Lo anacrónico es que hoy, casi cuarenta años después de que —al menos formalmente— se erradicara esa política, continuamos sufriendo aún sus consecuencias. Porque no se erradicó; no se intentó implantar un sistema realmente autonómico y democrático. Todavía es más rápido viajar en transporte público desde Almería a Cádiz, pasando por Madrid, que intentar desplazarse directamente entre ambas ciudades. Y no sólo ocurre en estas dos poblaciones alejadas —y alejadas, también, de Madrid—: Las ciudades de Jaén y Sevilla se encuentran «más alejadas» en tiempo que cualquiera de ellas con Madrid. Nueve horas dura el viaje desde Jaén a Cádiz. Desde Sevilla ó Málaga se puede viajar a Madrid en algo más de dos horas. Pero el viaje en tren de Sevilla a Granada dura tres horas y media.

Son estos aspectos los más importantes a la hora de analizar una forma de vertebrar Andalucía, que es de lo que se trata.

En lugar de provincias se podría hablar de comarcas, pero hay dos cuestiones a considerar: en muchas ocasiones dentro de una misma comarca histórica se dan distintas cualidades. Unas veces es el resultado de que esa comarca haya sido dividida entre dos provincias, como es el caso de El Aljarafe o de La Alpujarra. En otras, será consecuencia de que una zona haya tenido una evolución distinta, o un crecimiento superior, lo que le ha creado también unas características específicas provocadoras de un determinado grado de distanciamiento.

Por último, otro dato a tener en cuenta, importantísimo, es que muchas poblaciones no están encuadradas en ninguna comarca histórica concreta. Hay comarcas que se han formado en tiempos más recientes, desgajándose de otras y que, al hacerlo, han dejado a alguna localidad relativamente "descolgada". Y hay otras que incluso gozando de características morfológicas e históricas concretas —como es el caso del Campo de Tejada—, sin embargo se encuentran adscritas a otra comarca mayor. En el caso concreto del Campo de Tejada, actualmente está dividida entre dos provincias y no se adscribe a ninguna otra, porque sólo es vecina del Condado de Niebla. Pero está dentro de la comarca natural de El Aljarafe, también dividida entre las provincias de Huelva y Sevilla.

Para estipular una nueva división basada en la comarca habría que analizarlo y prepararlo en un tiempo prudencial, nada breve. Habría que rehacer algunos contornos, con la polémica que engendraría. Sería necesario un equipo multidisciplinar que difícilmente podría llegar a una convergencia rápida.

Tomar una decisión sobre una estructuración comarcal, va a plantear problemas. Entre ellas, no será poco la pugna entre poblaciones, incluidas las que perdieron la capitalidad en 1833. Y, puestos a decidir, sería necesario empezar por plantearse, en muchas ocasiones, qué es la comarca, para qué sirve, para qué la queremos, que ventajas puede tener. Y qué localidades la componen y cuál sería su centro, su capitalidad. Un dilema sería comarcalizar, entre otros, Sierra Morena. Por su extensión habría que dividirla, pero será necesario un estudio concienzudo y razonado, para no volver a caer en el mismo fallo o parecido, de improvisación o error en que están inmersas las provincias. Otro el de adjudicar la capitalidad a una u otra población, que tienen similares derechos y notoriedad histórica.

Pensamos, también, que no debe pensarse en la comarca para repetir en ella la misma estructura administrativa actual, sino para mejorar el servicio y al mismo tiempo reducir costos, manteniendo una atención de calidad. Porque una división es división, lleve el nombre que lleve. Ni es necesario, ni conveniente, multiplicar los órganos de la administración. Lo que debe hacerse es facilitar las cosas a los andaluces sin perjudicar al empleo ni empeorar el servicio. Andalucía tiene una conformación territorial propia desde muy antiguo. Con las lógicas excepciones de las localidades que han experimentado un fuerte crecimiento reciente, por lo general la estructura es de grandes núcleos, relativamente distanciados entre sí, rodeados de otros núcleos más pequeños hasta una distancia aproximada de 25 Km., una distancia máxima de fácil dominio y una estructura natural, no inventada ni impuesta.

Ello permite contemplar la posibilidad de establecer una comarcalización especialmente original para la prestación de servicios como cultura, enseñanza, deporte y sanidad. Porque con los medios digitales y de transporte de que se dispone en este momento, el trato con la Administración, la gestión de documentos se puede hacer sin tocar las actuales oficinas administrativas. Y la Administración ya ha comenzado a desviar todo tipo de gestión a internet. El problema añadido, no por el sistema en sí, sino por la deficiente forma de programarlo y materializarlo, lo está haciendo con un gravísimo error de base: en vez de servir para facilitar las gestiones, los programas informáticos y las tasas por utilizar algunos, complican innecesariamente a la ciudadanía a la hora de realizar alguna gestión.

Andalucía cuenta desde antiguo con una estructura natural de coordenadas, propia, consistente en unos ejes naturales que cruzan y marcan todo el territorio, en sentidos vertical, horizontal y oblicuo. A partir de estos elementos se puede estructurar de manera que sólo sea necesario reforzar los servicios ya citados en el párrafo anterior mediante la marcación de grupos de poblaciones con un diámetro máximo de cincuenta kilómetros. Este método significa que, gracias a la estructuración tradicional histórica del territorio andaluz, para su usufructo así como para la propia gestión ante la Administración, la distancia máxima a desplazarse sería de veinticinco kilómetros, en el peor de los casos. Para ello sería necesario configurar Andalucía como circunscripción única y volver al sistema de ventanilla compartida, es decir, que cualquier documento se pueda presentar en cualquier registro, vaya a quien quiera que vaya dirigido y simplificar su presentación a través de internet. Pero esto es muy importante: simplificar significa hacerlo fácil, lo contrario de complicar la vida al ciudadano como ocurre en este momento, con un procedimiento digital que a veces llega a dificultar el trabajo a especialistas en informática y una cita previa virtual o telefónica más complicada todavía.

La inclusión de este análisis en un tratado sobre identidad tiene sentido en tanto la identidad está ligada al territorio y los cambios en la estructura del territorio suelen tener entre sus motivaciones principales borrar o cuando menos nublar la identidad. Hacerla más nebulosa, rebajar su intensidad. Por eso la reducción del territorio, los cambios de su estructura territorial, la desaparición de las comarcas y la imposición de una Administración única que, al mismo tiempo, es la productora de diferencias y enfrentamientos entre zonas y particularmente entre capitales de provincia a muchas de las cuales se ha hecho creer ser algo así como directoras, incluso propietarias, de todas las localidades de la respectiva provincia.

XI
Topicazos

Ciertas exageraciones rompen la autenticidad de la identidad y el tópico no es más que una exageración recordada con insistencia. A veces, ni eso. Hay ocasiones en que sólo es insistencia. El tópico por lo general tiene la ventaja de que recoge una verdad, no suele mentir, pero esa verdad se hace pesada de tanto repetirla y de tanto repetirla, la exageración se hace burla y deforma la realidad hasta extremo tan exagerado como el propio tópico. Tanto, que la palabra llega a perder su significado y llega a parecer que el tópico es algo sin valor, algo que se ha hecho conocido y hasta admirado sin motivos ni merecimientos. Salvo en aquellas ocasiones en que el tópico no es solamente una verdad magnificada, sino algo de valor relativo que se ha querido presentar como una belleza de gran valor patrimonial, o de valor pleno, porque en realidad el bien considerado tópico no es algo sin valor, pero así se hace ver por frecuencia por muchos de sus seguidores y enemigos. El posible cansancio de oír hablar mucho de algo, puede llevar a rechazar un valor real, que con frecuencia se le trata como si fuera un valor inventado, falso.

Así que, de ser un valor repetido se le rebaja a un «**no valor**». Entonces, el tópico algo con un valor intrínseco, mensurable, es desechado porque *lo tenemos muy visto*, porque *estamos cansados, porque se repite mucho*, porque ha sido utilizado como símbolo. O porque ha sido popularizado como postal. Una postal, por lo general una foto bella ¿puede perder valor porque el lugar en cuestión se haya fotografiado miles de veces? Eso parece, así se le trata.

Se puede llegar a considerar tópico la alabanza a un lugar de gran belleza, de indudable estética, de valor artístico e histórico. En cambio no se considera tópico considerar "modernos" a los rascacielos, a pesar de sus doscientos cincuenta años de antigüedad. Edificios que se miden por sus metros de altura en una absurda lucha por ver cuál es más alto. Como si el mérito de un edificio pudiera estar en el tamaño, pero sin embargo esa apreciación, ese darle valor a la altura no se suele considerar tópico. Según parece, al final resulta que el tópico es admirar aquellos bienes que se tienen pero no se les tiene en cuenta, se les rechaza, incluso se les desprecia por consabidos.

No faltará quien afirme que esto es una exageración, que nadie rechaza algo hermoso aunque lo vea mil veces. En ese caso que piense cuantas veces ha querido destrozar el hecho, la costumbre o el Monumento, tratándolo con desprecio. Cuantas veces habrá dicho y oído «vaya tópico...», «está muy visto ya», «eso es un tópico». Si el tópico en sí no puede inducir el rechazo, entonces será que mucha gente, miles, millones de personas habrán utilizado a su antojo la palabra, cambiando su significado.

Más valdría pararse a pensarlo.

Pues como tópico, mejor dicho, con el pretexto de llamarlo tópico, se da de lado, se desprecian valores como una fiesta típica —lo típico es de lo más dado a confundirse con lo tópico— o un hecho.

En todo caso convendría definir nítidamente el tópico, para no equivocarnos. No es un tópico la

Alhambra de Granada, ni la Giralda de Sevilla, ni los Palacios de Écija, Osuna, Antequera, Úbeda o Ronda. Ni los jardines de Priego. Ni la Mezquita, ni los muros del Alcázar de los reyes cristianos de Córdoba. Ni la Alcazaba. O el tópico no puede ser negativo o estos y otros miles de casos similares no son tópicos, son realidades tangibles

Tópico será, en todo caso, la traslación de algo específico a una generalidad. El dar valor a algo, simplemente porque se da en un lugar determinado. Por ejemplo: en una ciudad puede haber mucha gracia, la gente puede tener un arte especial y derrochar simpatía al hablar. Pero no tiene por qué ser graciosa toda palabra dicha en ese lugar. En este caso el tópico estará en reír todo lo que salga de ese lugar aunque no tenga gracia; sería aplicar a una parte el valor reconocido al todo.

Por aquí vamos mejor encaminados en cuanto a la definición.

Una ciudad puede haber acogido el mayor congreso de historia de la medicina, por ejemplo, pero la mayoría de sus ciudadanos no son expertos en esta ciencia ni tienen por qué serlo. O puede haber protagonizado una o varias acciones heroicas o revolucionarias, y no por eso es razonable considerarla la más heroica o la más revolucionaria, ni todos sus movimientos tienen por qué estar determinados por la heroicidad o la revolución, o en determinado momento contradecir ese valor anterior, con comportamiento o decisiones reaccionarias.

La gracia es un bien repartido de forma desigual. Hay personas y colectivos que tienen mucha, quien tiene poca y quien no tiene. Pero también sería tópico confundir «gracia» con chiste, simplemente porque lo cuente alguien en cuyo colectivo abunda la gracia.

Desde este punto de vista, según lo expresado en la primera parte de este capítulo, nada, absolutamente nada en la identidad puede ser considerado tópico. Ni la identidad ni ninguno de sus componentes. Aunque el hecho en sí se repita cien mil veces

Vamos de fiesta

Hay quienes rechazan las celebraciones como elementos de la Identidad. Hay quienes, por el contrario, las defienden con denuedo.

Y quien lo confunde con la fiesta del Patrón.

Lo mejor sería discernir, diferenciar entre identidad y tradición. Y mejor aún delimitar qué es auténticamente tradición, qué no es sinónimo de costumbre

Las fiestas son las más dadas a ser consideradas «tópico», más tópico cuánto más antigüedad tengan y cuanto más atractivas resulten para naturales y visitantes. El caso se da mucho en las de Santo, Virgen o Cristo. Y, sin embargo más tópico hay en las importadas. Resultan tópicas en tanto son artificiales. Las primeras son auto impuestas, mantenidas por la costumbre, son más espontáneas que las importadas, porque han nacido de un hecho concreto, pero se han instaurado y mantenido en base al carácter del pueblo que las celebra y se les ha dado ese carácter. Las fiestas importadas son impuestas por la novelería, a su vez fomentada por el comercio y ya vienen con su carácter puesto.

Desde Papá Noel, cuya única ventaja es para los niños, porque duplica sus regalos, la primera adoptada y enfrentada a la tradicional de los Reyes Magos, hasta la última, el «Black Friday» o día del descuento, pasando por la del espeluznante «Hallowen».

Estas fiestas importadas tienen el valor de la novedad, el pretexto de otro motivo más de diversión. Y un gasto, mayor o menor, según proceda, muy beneficioso para los vendedores, en especial para los grandes almacenes que las importaron.

No hay motivo alguno para que las más criticadas o rechazadas sean las fiestas tradicionales: las ferias, las romerías o la Semana Santa.

No se entra aquí a comparar o dilucidar cuales son más propias ni cuales deben mantenerse o eliminarse. Sería aconsejable no pensar en que alguna de ellas debiera eliminarse, sin que todas tengan que gustarnos por igual. Que una cosa es la preferencia particular de cada cual y otra muy distinta que alguna esté o no esté de sobra. O que por el contrario sea aconsejable mantenerla. Mantener cada fiesta o no mantenerla no es objeto de este libro, dedicado como está a dilucidar qué es Identidad, qué puede considerarse dentro de la categoría de Identidad, cual es la identidad de Andalucía y los andaluces. Y qué nos define.

Las otras, las tradicionales, sin que la palabra trate de valorar lo bueno o malo, conveniente o inconveniente de la tradición, sino simplemente constatar su antigüedad: por eso son tradicionales, fiestas que tienen un sitio en la mente y en el deseo de diversión de cada uno y que responden a un objeto, a un hecho normalmente ancestral. Una tradición, cuando es tradición de verdad, no es más que un hecho que ha calado en la gente, que la gente ha aceptado y que, con ligeras variantes, al cabo del tiempo han sido convertidas en forma, porque ha ido recibiendo tal evolución que ha operado en ella verdaderos cambios y los naturales del lugar las han hecho suyas. Porque a veces su nacimiento y siempre la evolución, se la han dado los habitantes del lugar. Los vecinos tienen el mismo derecho a hacerlas suyas que a adoptar nuevas formas de diversión traídas de otros lugares. Y a menudo, si no siempre, quienes se desviven con unas también disfrutan con las otras. Pero unas tendrán tradición y otras serán recién llegadas. Simplemente importadas.

Las primeras tienen más posibilidad de estar relacionadas con la identidad y de ser parte de ella, pues resulta imposible entroncar en la tradición y menos aún relacionarlas con la identidad, unas fiestas importadas, que por tanto responden a un espíritu, a una forma de ser distinta, que no se ha hecho del carácter propio ni están relacionadas con él. Otra cosa será que la gente se pueda divertir mucho o poco con ellas, pero que no forman parte del acervo cultural andaluz, es algo indiscutible.

Las tradicionales sí que inciden y están motivadas —casi siempre— y siempre sostenidas por el espíritu de la gente del lugar dónde se practica esa tradición. Suelen ser costumbres muy arraigadas, aunque en el tiempo hayan recibido un cambio ostensible, como la Semana Santa o las romerías, o las ferias o el carnaval, o por lo menos algo con bastante recorrido temporal y de creación propia, lo que supone que dicha fiesta ha supuesto una adaptación en sus primeros años o se ha inspirado en otra anterior.

Divertirse es muy sano y si estas fiestas importadas han calado en la gente, mejor para quien las disfruta. Pero estas fiestas, por ser importadas, no tienen nada que ver con nuestro carácter, con nuestra **Identidad**. Lo cual no quiere decir que todas las fiestas, aunque sean propias, sean producto de nuestra Identidad. En este aspecto es preciso discernir claramente y dilucidar qué es tópico, qué es costumbre, tradición e Identidad, pero, cuando menos, se han adaptado a ella, se han integrado en nuestra Identidad.

Muchas veces pueden coincidir estas palabras o alguna o algunas de ellas, pero ni tienen el mismo significado ni siempre van unidas. Una fiesta será tópica cuando se mantuviera a la fuerza, en contra de la aceptación de la mayoría. Será tradicional si tiene suficiente antigüedad, continuidad y aceptación. Pero sólo será producto y muestra de la Identidad de Andalucía si reúne las condiciones que distinguen a la identidad y que aquí se están desarrollando.

Lo cierto es que aquellas que han entrado en la *tradición* sí dan idea con más o menos fuerza, del carácter del pueblo correspondiente, en nuestro caso el andaluz. Estas, por lo normal, sí forman parte de nuestra Identidad, han ayudado a conformarla y han surgido de ella o han entrado en ella: la identidad del pueblo que las ha creado y les ha dado forma.

La identidad no es algo caprichoso ni artificial y los elementos que la forman son los que le dan su carácter, que es el carácter del pueblo que tiene esa Identidad. Aquí se intenta dilucidar qué es Identidad y en particular cual es la Identidad del pueblo andaluz, qué elementos forman parte de esa identidad hasta dónde alcanza esa identidad, qué supone, cómo se forma, cómo se ha formado, cómo se puede identificar. Las identidades no son buenas ni malas, positivas ni negativas. Simplemente, son, pero son necesarias e innegables. No pueden ser negativas, ni dignas de ser anuladas o eliminadas ni es posible. En todo caso serán contrarias al interés de las oligarquías conquistadoras, elementos interesados en anular la personalidad de ese pueblo para apropiárselo y utilizarlo en su propio beneficio personal. La identidad, entonces, será negativa, pero para ese o esos individuos que intentan apropiarse los valores propios de una Comunidad. Entonces, como reacción en defensa de lo propio, conviene conocerla, descubrirla y defenderla. Porque defenderla es defenderse.

A propósito de la imbricación entre el carácter del pueblo —su identidad— y el desarrollo de la fiesta, es muy interesante conocer el libro «Semana Santa, teoría y realidad»,[15] y el que se hizo con motivo de la pérdida en un incendio de la imagen de la Virgen del Patrocinio, en Sevilla «Funerales para una Virgen».[16] En ambos es fácil comprender la imbricación del pueblo con sus fiestas genuinas.

La identidad en la fiesta

Ya se ha comentado al comienzo de este capítulo que abundan quienes no aceptan considerar a las fiestas como parte de la Identidad de Andalucía.

---

[15] Núñez de Herrera A. *Semana Santa, teoría y realidad*. Grupo andaluz de ediciones, 1981

[16] Ortiz de Lanzagorta J.L., Pérez Estrada R, Canales, A. *Funerales para una Virgen*. Índole, 1973

Entendemos que es un asunto merecedor de un análisis a partir de unas cualidades dadas en este capítulo: se trata de discernir y diferenciar entre tópico, tradición e identidad. Lo tópico es una valoración personal de un hecho, de un objeto, de una acción. El tópico, el objeto tópico entonces, no siempre coincide con **lo** tópico, pues esto es subjetivo y aquel es objetivo

La Iglesia tiene verdadero pavor a que se divulgue la antigüedad de algunas fiestas cristianas, aún más a que se relacionen estas con celebraciones anteriores al cristianismo. Sin afirmar que celebraciones como la Semana Santa o las romerías puedan tener un precedente claro en el paganismo anterior, no cabe duda que ambas, anterior y actual, tienen un fondo común, una motivación similar. Que la Iglesia las haya actualizado y cambiado aquellos dioses y diosas por santos, cristos y vírgenes, o no, es cuestión de un estudio más profundo, pero no es ese el objeto de este libro. La encarcelación y martirio de las santas hermanas Justa y Rufina, fue un castigo por haber apedreado a un grupo que llevaba una imagen de Apolo en procesión. Su religión, recién aceptada y asimilada por bastantes habitantes de la Bética, negaba la existencia de los dioses anteriores, sustituidos en la creencia judía y cristiana por el Dios único y omnipotente. Sin embargo la procesión con el dios Apolo, sin duda guardaba cierta similitud con las actuales salidas procesionales en Semana Santa, romerías y fiestas patronales.

Sí es cierto, innegable, que tienen una gran semejanza en su base. Las romerías tienen un posible referente o una celebración de espíritu similar, en las ofrendas hechas a los dioses y diosas en la antigüedad, en el caso de Andalucía a Noctiluca o Astarté, consistentes en acudir de forma alegre y festiva, a depositar ante su altar una rama de romero florecido, para agradecerle la cosecha del año y pedirle otra igual de buena, o mejor, para el siguiente.

En la misma línea, aunque difiera en su contenido, la Semana Santa tiene un gran precedente en la Pascua, celebrada antes pero cerca de la anterior, al comienzo de la primavera. De hecho, los acontecimientos narrados en la Biblia, la pasión y muerte de Jesucristo, tienen lugar durante la pascua judía. Quizá de ahí procede la oposición original del cristianismo a la representación gráfica, con estatuas.

Sean la Semana Santa y las romerías completamente autóctonas y originales, o tengan su principio en las celebraciones anteriores reformadas y adaptadas a la nueva religión, lo cierto es que hay una coincidencia. No viene al caso la sola coincidencia de fondo de ambas. Lo que interesa a este caso es reconocer que esas celebraciones, ya decimos, originales y autóctonas o recuperación de las anteriores, sí forman parte de la Identidad de Andalucía y los andaluces, porque han sido fruto de su intelecto, se desarrollaban y se desarrollan ahora de acuerdo al carácter del pueblo andaluz y están suficientemente arraigadas, hasta el punto de ser tradiciones solidificadas, que en realidad han trascendido a la sola tradición. Y en los dos casos evolucionan sin perder su esencia.

Por esa *cualidad* histórica, por ser cada una de ellas una tradición de siglos, o dos tradiciones consecutivas con una base y una forma muy similar, se puede reconocer en ellas el espíritu andaluz o, lo que es lo mismo, su Identidad, su forma de ser, su carácter, su idiosincrasia, su genio. El genio se puede mostrar en el desfile de un cuerpo de nazarenos, en el de un paso de palio, verdadero centro y eje, el femenino, de la Semana Santa de Andalucía, se puede observar en el cambio producido en la gente durante la duración de la romería. Y se puede ver a un nivel muy distinto, en el entusiasmo puesto por un equipo universitario cuando investiga esforzado, para obtener un bien con que beneficiar a la humanidad, en lucha desigual con la falta de medios económicos. Eso, pelear en pro de la salud y el bienestar de la población, a pesar de la falta de medios que la Administración debería poner a disposición de los investigadores, es también una seña de identidad, es una prueba de la entrega de los andaluces a favor del progreso de la humanidad en sentido positivo, de la medicina, la ciencia, la tecnología que fue capaz de asombrar al mundo mientras ahora es un materia en riesgo de extinción, debido al nulo interés de las autoridades y la inmensa mayoría de los detentadores del capital en la mejoría de las condiciones de vida de toda la sociedad. Ya es un mérito seguir investigando como hacen las universidades andaluzas y algunas empresas privadas, pese a todas las condiciones en contra, condiciones capaces de llegar al punto de castigar a una de ellas —ABENGOA— por demostrar que se podía extraer energía limpia y barata, sin dañar al planeta ni agotar sus recursos.

En todos los casos hay alegría, seriedad, creatividad, entrega, buen humor, emoción. En definitiva, **Identidad**.

XII

Victorias y héroes

La historia de España es una historia de victorias y «heroicidades» militares.

Una historia militarista. De una fuerza que ha impuesto su fuerza. Aristotélicamente hablando, la razón de la fuerza impuesta sobre la fuerza de la razón.

Así se ha ido creando el Estado español y, lo que es peor, una vez dominado el territorio peninsular e isleño, ha sido incapaz de evolucionar hacia una unidad en libertad y armonía, sin que nadie prevalezca sobre los demás, sin zonas deprimidas «por decreto», sin desigualdades tan lacerantes como las que hieren y destrozan toda posibilidad de unidad política real, de acuerdo mutuo a partir del convencimiento. Ha sido incapaz de crear un sentimiento de patria realmente común, porque la supuesta unidad y el supuesto sentimiento de españolidad, son ideas vacías, sin maduración, producto tan sólo de una enseñanza al servicio del poder con una historia manipulada, de una propaganda impuesta y de unos medios de comunicación producto de esa desinformación educativa, cuando no directamente entregada a las tesis oficiales.

La historia de Andalucía es una historia de invasiones, conquistas y recuperaciones después de cada invasión.

En todas las ocasiones, excepto dos, Andalucía ha terminado por imponerse al conquistador. Eso ha sido posible gracias a la fuerza de su cultura y a su personalidad. Ha sido posible porque la identidad de Andalucía ha sido fuerte y ha conseguido atraer al conquistador quien, enamorado de esa cultura y esa personalidad, ha terminado por fundirse en ella y se ha convertido en un andaluz más, acogido por el resto de los andaluces.

Pero para enamorarse de la cultura hace falta tener base, poso, interés en ella. Ser más amigos de la cultura que de la guerra. Y en España, en especial en el reino de Castilla y León, a pesar de levantamientos, alguno muy importantes como el de las comunidades —dónde por cierto tuvo más protagonismo La Mancha que Castilla propiamente dicho—, siempre ha terminado venciendo la reacción. Una muestra reciente es la situación actual: a pesar de la lucha, las luchas clandestinas durante la dictadura, al cabo de cuarenta años, otros cuarenta años, renace el totalitarismo y renace con cierta fuerza. Pero no sólo eso: renace con una negación a la cultura y a la historia, rememorando batallas que deberían estar, si no en el olvido, guardadas en la memoria colectiva para evitar una repetición de todos los desgraciados enfrentamientos. La historia está para aprender de ella, no para dar por buena la explicación de primaria y por lo tanto no es procedente hablar de «España» cuando España aún no existía ni como idea ni como realidad política ni administrativa. Ese desconocimiento histórico, peor aún: ese rechazo a la realidad histórica explica las dos ocasiones en que los conquistadores no han sido ganados por los conquistados.

Es, ya lo hemos explicado en otras ocasiones[17], la actualización del principio de todas las guerras: «*la bajada del hombre de la montaña al valle*». La vida empieza en la montaña, cuando un grupo descubre la agricultura, se instala en el valle, entonces encuentra comodidades, construye viviendas. Pero nuevos hombres de la montaña, más atrasados, lejos de buscar la forma de aprender de ellos, consideran más fácil atacarles para disfrutar sus comodidades. Al cabo del tiempo se aclimatan, se convierten en hombres del valle. Entonces se repite la historia, son atacados por otros hombres de la montaña, y así sucesivamente. Con el tiempo las causas cambian, los motivos de la guerra se disimulan, se ocultan, se disfrazan. Pero la guerra siempre es el deseo de poseer las riquezas que puedan tener los otros. Lo dice muy claro la motivación de los emperadores persas, quienes, antes de declarar la guerra a un territorio, mandaban una embajada y les exigían «la tierra y el agua». Y seguramente no les pedirían el aire porque todavía no sabían que sirve para respirar.

Como se ha escrito más atrás, hay dos ocasiones en Andalucía en que esa fusión no se produce. Dos momentos. La primera ocasión ocurre con la llegada de las tribus del norte, los llamados «bárbaros», que han hecho que la palabra quede como sinónimo de incultura y brutalidad[18]. Los visigodos no se integraron porque rechazaban de plano toda cultura y tenían tanta fobia al trabajo como a lavarse. Durante los tres siglos que tardaron

---

[17] Véanse, del autor: 2001, "*Historia de Andalucía para jóvenes*", Almuzara. 2005 "*de aquellos polvos*" Sepha

[18] En origen, el significado real de "bárbaro" es el de "extranjero".

en conquistar la península, se mantuvieron separados de los nativos. Se mantuvieron dos pueblos, dos grupos en paralelo, dos sociedades superpuestas: la población autóctona y la visigoda. Esta esclavizó a aquella a la que exigía las dos terceras partes de todo cuanto produjera la tierra, para mantener a su numerosa hueste, constituida por todos los varones mayores de quince años y al resto del inactivo «pueblo» visigodo. Tan es así que, para mantener y justificar un ejército tan grande, consideraban degradante el trabajo manual, por eso no lo practicaban, en cambio lo exigían a las poblaciones dominadas bajo pena de muerte[19].

Ello explica la rapidez con que desapareció todo vestigio godo en la península, en cuanto su ejército quedó destruido en la batalla de la laguna de La Janda, el año 709 y la también inmediata aceptación de un nuevo orden, una nueva etapa política, amparados en principio en el Califato de Damasco del que el Emirato de Córdoba se independizó muy pronto, porque la realidad bética-andalusí no era la de depender de Oriente, sino la de constituirse en entidad independiente.

Sin embargo, durante la dominación goda también se dieron casos de tolerancia y aceptación de la civilización y la cultura de Andalucía. En concreto los más importantes fueron el reinado de Witiza y la rebelión de Hermenegildo, santificado por la Iglesia católica, contra su padre Leovigildo, rey de las tribus visigodas. Hermenegildo conoció Andalucía y se enamoró de su cultura. Y, pese a que hubiera sido rey a la muerte de su padre —casualmente ocurrida dos

---

[19] Del autor: *La Rebelion.* 2021, Sar Alejandría

años después— prefirió quedarse con la cultura bética, mantenerla, protegerla, y el pueblo de la Bética lo aceptó como rey del reino de Híspalis, formado con ese fin.

La segunda ocasión fue la conquista de Andalucía en dos invasiones, la primera en el siglo XIII, protagonizada por Fernando III y la segunda a final del XV, de manos de la reina Isabel I. Los pueblos no se integraron. Aquellos que emigraron hacia Andalucía terminaron integrándose, pero no eran gran número ni Castilla tenía exceso de habitantes para ir a ocupar otros lugares. Prueba de esa falta de integración viene siendo desde entonces el desprecio con que se ha tratado y se sigue tratando a Andalucía desde otras comunidades, con términos despectivos como "vagos", "incultos", "irresponsables" y otros epítetos similares.

Todo, una constante del carácter de Andalucía, de su identidad.

Una cultura «dependiente»

La segunda vez en que los invasores no se integraron, como ya se ha dicho, fue tras la conquista castellano-leonesa, aunque se quedaron el idioma como también se ha razonado más atrás. En esta ocasión los conquistadores venían con la idea preconcebida de reconstruir el «imperio» de los godos, tal como ordenó escribir Alfonso III, el rey de León que quiso ser nombrado Emperador de la península sin conseguirlo, porque ninguno de los reinos peninsulares estuvo dispuesto.

En esta ocasión, sin interés de alcanzar a dominar la cultura de Andalucía, se limitaron a adoptar su idioma al que llamaron «castellano». Lo mismo intentaron hacer con el resto de la cultura andaluza, aunque no llegaron a conseguirlo. Adoptaron algunas formas de esa cultura, fundamentalmente copiando en parte y burdamente su rico folklore musical, que tampoco llegaron a asumir plenamente. La fuerte identidad del pueblo andaluz requería una afinidad, un cambio de comportamiento, una adaptación a las normas aún no escritas de la filosofía andaluza. No la alcanzaron y por eso los rasgos de la cultura andaluza presentados como «cultura española» se han quedado a medio camino. Hoy se conoce como «española» una gran parte de la cultura de Andalucía, pero sacada de su contexto, ha perdido en gran medida su naturaleza, ha quedado diluida y devaluada.

Porque le falta la profundidad del original.

El objetivo de los conquistadores ha sido apoderarse de la cultura andaluza y del genio andaluz, para esconderlos o disfrazarlos. Apropiárselos para disponer de una cultura y una personalidad señaladas y hacer creer a los andaluces que carecen de cultura porque carecen de iniciativa, y que lo que tienen, sus costumbres, su arte, su personalidad, forman parte de una cultura superior que es la española, según el panegírico creado. El propósito ha ido «in crescendo» y ha llegado al punto en que la presidenta de la Comunidad de Madrid llegue a afirmar que su ciudad es la creadora del flamenco, hasta el extremo de su pretensión de nombrar a Madrid «capital mundial del flamenco».

Esta superposición, este escamotear a los andaluces sus iniciativas para apropiárselas y hacer creer que son de otra Comunidad, explica que los autores andaluces raramente sean nombrados con su gentilicio y, por el contrario, sean renombrados como españoles. Podrían haber sido españoles en tanto que andaluces. Pero ni en eso han caído, de tan interesados en ocultar lo andaluz. Si se mira un diccionario enciclopédico y se busca el nombre de cualquier artista, político, intelectual, etc, por ejemplo Gaudí, Sabino Arana o Rosalía de Castro, se les cita como «catalán», «vasco» o «gallega», respectivamente. Si el personaje ha nacido en Andalucía se le cita simplemente como «español» ó incluso como castellano. Véase, por ejemplo, la voz «Bécquer, Gustavo Adolfo» en el diccionario enciclopédico de la Editorial Bruguera, dónde Rosalía de Castro es una poetisa gallega y Bécquer un poeta castellano. Es un ejemplo, por desgracia no el único. A lo mejor una gracia en vez de una desgracia, porque puede ser que los autores de estas definiciones, consciente o inconscientemente, lo que están demostrando o defendiendo, es que Andalucía no es España. Algo parecido a la «obra» del general Pavía, que cuando un 15 de octubre hizo besar la frontera en Despeñaperros a los andaluces vencidos, estaba dejando Acta de que aquel lugar constituía una frontera.

El proyecto castellano-español ha sido y es el de ocultar la personalidad de Andalucía, dejando a la vista solamente la parte más superficial con la doble intencionalidad ya referida de apuntarse una cultura, un arte, un folklore del que no disponen, eso en primer lugar. Y de paso despersonalizar, destruir al pueblo creador de esa cultura, convencerlo de que sus valores no son propios sino dependientes del

Estado dónde ha sido enmarcado. Que tiene ese «algo» de cultura porque forma parte de ese Estado.

Así lo explica Milán Kundera:

«*Para liquidar a los pueblos se empieza por privarlos de la memoria. Destruyen tus libros, tu cultura, tu historia. Y alguien más escribe otros libros, les da otra cultura, inventa otra historia; después de eso, la gente comienza a olvidar lentamente lo que son y lo que fueron. Y el mundo que te rodea se olvida aún más rápido*».[20]

No se puede explicar el proceso de forma más completa y certera. Eso es exactamente lo que España ha hecho con Andalucía. Aunque, por fortuna, todavía no lo ha conseguido sino en pequeñas parcelas ya mencionadas en este libro. Pero siguen: intentan hacer creer, todavía, que el flamenco, la copla o la tauromaquia no son andaluces, que se practican en Andalucía porque Andalucía está en España, porque **es** España, porque España «es generosa» y permite disfrutarlos a sus «hijos», sin embargo, más que madre, madrastra, pocas referencias en libros, folletos, periódicos, se podrán leer dónde se reconozca abiertamente y se cite «Arte Andaluz". Salvo honrosas excepciones, lo nombran como «Arte español». Sin embargo el planteamiento es completamente adverso. El flamenco, la tauromaquia, la copla y otras muchas manifestaciones culturales, serán, sólo podrán ser españolas a través de Andalucía, en tanto Andalucía forme parte de España. Pero si la excluyen, como vienen haciendo, si sellan que Andalucía no es España sino una colonia, entonces ese arte y esa cultura no

---

[20] Kundera, M. 1979 *La risa y el olvido,* Tusquets Editores

pueden ser españolas. Por lo tanto serán españolas en tanto en cuanto Andalucía lo sea. Pero la política seguida por las autoridades y las **fuerzas vivas** —prensa escuela, propaganda, leyes, dinámica gubernamental— del reino de España camina justamente en sentido contrario. Incluso publicaciones impresas en Andalucía, definen como «español» ese arte y esa cultura, que podrían constituir una aportación de Andalucía a España, si España no se las apropiara abruptamente, dicho esto como adjetivo calificativo.

Si se establece una mínima comparación es posible constatar cómo la dinámica española, en su ansia por quedarse la cultura y la personalidad de Andalucía, ha marchado justamente en sentido inverso. Un ejemplo: el Kaiser creó un país fuerte y para eso integró a todos los estados, regiones, reinos, principados, ciudades que llegaron a formar la naciente Alemania, el Imperio alemán. Pero un país fuerte necesita una industria fuerte, y esto que se ha mencionado, integrar a todos por igual.

Lejos de esa idea el Estado español en vez de integrar ha enfrentado a las comunidades, ha repartido beneficios a unas y pobreza a otras, especialmente a cuatro: Andalucía, Canarias, Extremadura y Murcia, aunque esta última se ha salvado porque no ha recibido tanto castigo del gobierno como las tres primeras.

Alemania se convirtió en la primera economía de Europa, porque explotaron sus propios minerales, potenciaron su industria, se preocuparon de ser competitivos en el mundo. Contrariamente, el Estado español mantuvo su principio de «que inventen ellos». Cercenó la industria andaluza, obligó a abandonar la minería hasta que la entregó a empresas alemanas e inglesas. El gobierno de España buscó fuera empresarios y despreció a los emprendedores andaluces a quienes obligó a abandonar sus yacimientos y sus industrias.

La política continuó, Felipe González prefirió cerrar o vender empresas antes que mejorar y hacerlas competitivas. Se había comprometido con Alemania y tenía que comprarles su producción para lo cual necesitaba dejar de producir.

En Alemania los primeros vehículos salieron de los talleres de Daimler en 1884. El gobierno de Franco cerró la Hispano Suiza para crear ENASA, que González malvendió a la italiana IVECO, la peor oferta de las presentadas. Él y Suárez, su antecesor, impidieron expresamente que las factorías de FORD primero y luego la de OPEL, entonces filial de General Motors, fueran instaladas en Andalucía. Para ellos también, como para Aznar, podía ser un peligro la industrialización de Andalucía, porque si se aflojaba la presión sobre los andaluces corrían el «riesgo» de despertar.

No se olvide que el proyecto de Aznar cuando decidieron absorber Sevillana de Electricidad por ENDESA, llegaba más allá del hecho de quitarle a Andalucía una gran empresa, más allá de entregar al gobierno italiano una gran empresa estratégica, más allá de conformar a Pujol trasladando la sede a Barcelona: El gran perjuicio de la absorción de la eléctrica andaluza, fue perder la sede y con ello la capacidad de decidir, perder los impuestos generados por esa empresa, que pasaron a ser ingresados en Barcelona. Y ha sido la pérdida de la empresa NUINSA, creada por Sevillana para favorecer la creación de industria.[21]

Es que, por lo visto, parece que industrializar Andalucía constituya un «grave insulto» a España.

Con esa «cultura» es normal que gobierno, bancos, tribunales y medios de comunicación hagan un esfuerzo para destruir Abengoa. En vergonzosa ayuda a la presión del capital internacional, que se ha formado en los años de crecimiento de la industria y que prefiere perforar el polo norte, descongelar la Antártida y conseguir que las temperaturas hagan imposible la vida en la tierra, antes que abandonar las energías fósiles y utilizar las limpias y ecológicas. Pero eso no va a ocurrir en un año y por tanto no alcanzará a los responsables de esas acciones.

Porque el principal problema de ABENGOA, el principal, quizá los dos únicos «*fallos*» cometidos, ha sido investigar en energías renovables y obtenerla del sol, del aire, de las mareas y de la basura, y mantener su sede en Andalucía, a pesar de la cantidad de veces que, desde el gobierno, se le «invitó» a trasladarse a Madrid.

Por eso se han dedicado a favorecer una banca fuerte detrayendo dinero de todos de otras necesidades más perentorias y generales, y a costa de hacer desaparecer todas las cajas de ahorros y casi todos los bancos. En especial *convenía* sacrificar los bancos y cajas de Andalucía para hacer crecer a la media docena que han dejado en el norte.

Está claro que con el estómago vacío es muy difícil pensar. Y si se despolitiza a la gente, si se les despersonaliza, si se les induce a despreocuparse,

---

[21] Del autor obra citada: *Europa ¿solución o problema?*

todavía más. Si no ¿cómo se podría explicar que Caixabank cada día gane más, a pesar de haber perdido más de doscientos mil clientes? Es normal. Después de despedir a varias decenas de miles de trabajadores, de haber cerrado otros miles de oficinas, de empeorar el servicio a sus clientes a quienes obliga en la práctica *a rogar el favor de poder hablar con algún empleado* de la entidad, pocos clientes ha perdido todavía. Pero el beneficio aun así le resulta rentable. Aunque no lo sea para sus clientes, sí lo es para sus accionistas.

En esto ha quedado esta historia de «Victorias y héroes», en la que «sólo casualmente» las entidades tanto bancarias como industriales y comerciales y de servicios que se han mantenido vivas, en activo, son las situadas geográficamente en Madrid o entre esta ciudad y la línea Cantábrico-Pirineos.

Es que para liquidar al pueblo andaluz se ha seguido el procedimiento habitual: se le roba su historia, su cultura, se le hace creer dependientes y en este caso, por si acaso pudieran despertar, se le fuerza a emigrar o a pasar hambre.

Para que olvide sus raíces.

Para que pierda su **Identidad**.

La identidad es el carácter, la idiosincrasia, la forma de ser de cada uno. Y la consciencia de formar parte de un colectivo. Esto último, en algunos aspectos difuso en la mente de algunos andaluces que llegan a considerarse más españoles que andaluces o igual de andaluces que españoles, es consecuencia del trabajo de despersonalización machaconamente llevado a cabo en los últimos diez siglos. Es consecuencia de haber escondido nuestra historia, nuestra cultura, de haber mediatizado y prostituido nuestro arte, nuestra forma de ser y de comportamiento en definitiva. Han conseguido ocultar la realidad, nuestra realidad, han llegado a dormirla. Pero saben que no es definitivo. El pueblo andaluz sigue despertando, resucitando y, cuando menos lo esperen, volverá a resurgir. Cada pueblo basa su identidad en algo específico, propio y normalmente bien diferenciado cuando no exclusivo. La Identidad de Andalucía se basa, se ha basado en el pacifismo aliado a la cultura como elementos complementarios. Es lamentable que ambos factores sean *peligrosos* para el régimen mundial actual.

XIII
Victorinos y gorrinos

Esto es la Identidad secuestrada, ya se ha comentado a lo largo de este libro: la mejor manera de borrar la identidad de un pueblo es apropiársela y hacerle creer que no tiene y, entonces, inducirle la idea de que sus creencias, su carácter, su forma de pensar y de ser, están aprendidas, son parte de la de quienes le han quitado su identidad.

Ejemplos sobran: continuamente intentan convencer, a no se sabe quién, que el flamenco es de España, es **español**. De todo el Estado español. Si así fuera ya pueden algunas comunidades pregonar que no son España, porque ni lo intentan interpretar, ni les atrae. Intentar, esa es la palabra, es porque es lo que hacen en el centro geográfico del Estado y en algunos lugares situados en la Meseta y cerca de ella: intentan interpretar flamenco. Tanto que la Excma. Sra. Presidenta de la Comunidad de Madrid, doña Isabel Díaz Ayuso, no tuvo el menor reparo en afirmar en los primeros días de agosto de 2021 que el flamenco es madrileño porque madrileños son la mayoría de sus intérpretes. Está grabado en una conversación televisada.

De la señora Díaz se pueden pensar y decir muchas cosas, pocas de ellas agradables, sin necesidad de insultar. Pero lo dicho no pasa de ser un sentimiento extendido en «la capi» y en ciertos ambientes pseudo intelectuales. Ella lo único que ha hecho es lanzarse al ruedo sin capote.

Y sin capote van muchos más.

Un buen día un señor adinerado compra una camada de cerdos, cuyos progenitores proceden de las dehesas andaluzas. Concretamente de la zona de Sierra Morena que va desde la raya de Portugal a la línea Almadén de la Plata-El Pedroso, zona preferente de crianza del cerdo y de curación de sus productos naturales. Lo malo no es que alguien vaya, compre unas docenas de cerdos, los lleve a su domicilio y, aprovechando unas condiciones climáticas similares de aire y distancia al mar, se dedique a conservar y vender jamones y otros productos del simpático animalito.

Lo grave es «que lo descubra». Mejor dicho: que *crea* descubrirlo. Que lo crea y quiera convencer a los demás, que es peor. Que los embutidos y jamones de cerdo ibéricos criados en Salamanca tengan poca diferencia con los de El Pedroso, Aracena o Jabugo, no se les discute. Ya se ha dicho que las condiciones de clima, altitud y distancia al mar son parecidas. Pero no se nos olvide nunca, jamás, que el original es el andaluz. Que los llevados allí son nacidos aquí, hijos y nietos de criados aquí, en el Repilado, en Cumbres Mayores y otros pueblos de la zona oeste de Sierra Morena. Hay poca diferencia, vale. Pero no sólo se trata de eso, pues poca es algo. Se trata de dilucidar que aunque se dé buen jamón serrano de bellota en otras latitudes, el original, por tanto el que forma parte de una identidad concreta, no es otro que el andaluz.

Hay muy buen jamón en Andalucía. En un nivel distinto por la altitud, el frio y la crianza, son apreciables los jamones de Trevélez, pero son muy distintos. La verdadera diferencia está en que en Trevélez producen y ofrecen un tipo de jamón, el que se da en la zona. Para quien le guste, el mejor. Pero no intentan suplantar otro tipo de jamón. Muy buenos jamones salen de la Sierra de Los Pedroches, pero no se anteponen a los de la Sierra de Aracena-Constantina. Son otros jamones de características similares, pero sólo parecidos. Por lo tanto, distintos. Y, como el objeto de este libro es descubrir dónde está la Identidad de Andalucía, debe entenderse que estos dos temas también forman parte de ella y se les ha incluido en este párrafo como demostración palpable de que nadie debería intentar sustituir a nadie.

El problema de los jamones de Guijuelo, es que pretenden ser iguales, los mismos. Incluso *mejores si me apuran*. Nadie le va a quitar su mérito al jamón de Guijuelo, pero, por favor, que no intenten quitárselo al de Jabugo. Que no pretendan suplantarlo. Ya hicieron bastante llevándose los cerdos de la Sierra de Aracena, para que al cabo de cierto tiempo pretendan ser de mayor calidad que los originales.

Que la raza de dónde se saca tan exquisito manjar, es natural de Sierra Morena.

Natural de Andalucía es también el toro de lidia y el ganado retinto en general, aunque de la misma forma: comprando partes de una ganadería, hay quien ha creado otras al norte de la línea de la «h» aspirada. Ya es un dato que la sede de la agrupación de ganaderías de retinto esté en Madrid, cuando este tipo de ganado es originario de Andalucía y las ganaderías están concentradas en la mitad sur de la península, con una grandísima desproporción a favor de Andalucía.

El toro, tan vilipendiado últimamente como el torero por los enemigos de la tauromaquia, es un animal noble, amigable, al que como todo animal le divierte el juego. Pero esta no es la cuestión. La cosa es que el juego con el toro es algo que se viene realizando en Andalucía desde hace miles de años. Un juego no sangriento, en el que jóvenes y toros se han divertido, y los primeros han burlado habitualmente el riesgo de quedar enganchados en uno de los afilados cuernos. Accidente lamentable en todo momento si se hubiera dado, porque el toro, que no estaba siendo sometido a stress ni a presión, no buscaba atacar ni herir al *amigo* con quien jugaba.

Durante la Edad Media dejó de practicarse el juego. El enfrentamiento con el toro se volvió a practicar en el reino de Castilla, pero era un enfrentamiento virulento, nada divertido. El toro, amarrado, era sometido a un acoso brutal por parte de los peones y la gente del pueblo, *lanceado* para que, cuando llegara el noble de turno se encontrara un animal debilitado y pudiera acabar con su vida sin gran esfuerzo.

A finales del XVII un joven de diecisiete años, empleado del matadero de Sevilla, amante de los toros, conocedor de la anatomía del animal, decidió competir con la nobleza y con la costumbre y *humanizar* el toreo. De aquel lanceo sólo han quedado las banderillas y la pica, que algunos toreros, incapaces de enfrentarse a un toro en posesión de sus facultades, han necesitado profundizar para dejarlo sin fuerza. Aquel joven, Costillares, primer practicante del toreo a pie, revolucionó el toreo. Convirtió un espectáculo cruel en un juego, todavía sangriento, pero infinitamente menos, tanto que su estudio de la forma de torear se centró, se puede decir, se obsesionó en la forma de matar al toro de una sola y certera estocada, con el menor sufrimiento posible para el animal.

Seguía habiendo sangre, insistimos, pero había dejado de ser una masacre, una burla a un animal cuyo único «pecado» era haber nacido con dos cuernos y alcanzar una gran fuerza en sus quinientos quilos de peso. Aquello fue un revulsivo que cambió por completo la fiesta, aunque el lanceo pervivió en una población de la Meseta hasta que fue prohibido. En los dos últimos largos siglos, el toreo podía haber seguido evolucionando y, como ya reconoce algún torero, podía haberse suprimido la muerte, como se hace en Portugal. Pero lo impide el inmovilismo español, que considera inamovibles las costumbres y por eso nombra tradición todo aquello que no quiere mover. La tauromaquia podría evolucionar otra vez y volver, como en Tartessos, a ser un juego dónde el toro participe. Pero taurinos y antitaurinos se oponen. Los primeros por inmovilismo. Los segundos también, pues no aceptan más que la desaparición de la Fiesta.

Madrid construyó un buen día una plaza de toros para competir con Sevilla, con Ronda, con el Puerto de Santa María. Su feria taurina, en una población de mayor número de habitantes y con una población flotante considerable, es más prolongada. Dura más días que las demás. Sevilla nunca ha pedido sangre, aunque tampoco haya protagonizado el fin del sacrificio del animal, no se ha divertido, no se ha «revolcado» en la sangre del toro y menos aún en la del torero. Madrid ha creído que gritar enfebrecidos o bronquear al torero son síntomas de ser más entendidos[22]. Fuera de Sevilla no se entiende que aquí ni siquiera se haya aplaudido a los toreros, hasta la gran faena de Joselito que justificó la ruptura de la norma no escrita. Hoy todavía, cuando ya se aplaude a veces, siguen siendo característicos y famosos los silencios de la Maestranza en la ciudad de los silencios expresivos.

Pero la Administración y las sedes centrales de los medios de comunicación están en Madrid, y para defender la forma de comportamiento del público madrileño, tuvieron que sacar nuevas «normas», para que el aplauso, el grito, el pateo ó el lanzamiento de almohadillas pudieran tomarse como muestras de «*buen saber hacer*». Desde entonces, no tanto por obra de un reglamento taurino de todas formas hecho a la medida de Madrid y sí por unos medios de comunicación volcados en favorecer a su ciudad, «*Madrid es donde más se entiende de toros*», *donde mejor se interpreta el toreo y hasta donde mejor se torea.*

Lo de la compra de una ganadería también se dio en la tauromaquia. Y, qué casualidad, todo fue instalarla en Galapagar y ya su propietario era «*el mejor empresario taurino, el más inteligente, el más digno*».

Estamos preparados para la lluvia que nos va a caer. Lluvia de improperios, seguro. Porque hay gente muy aficionados a la crítica, cuando la hacen ellos. E incapaces de recapacitar cuando la reciben.

El caso es que el toreo, nacido en Tartessos hace varios miles de años, re-creado hace algo más de doscientos por un torero andaluz; por dos, porque a

---

[22] Del Autor: "*El país que nunca existió*". 1997, Futuro 3000

Costillares siguió Pedro Romero que incidió en la forma de torear ideada por el primero. Por algo Sevilla y Ronda tienen tanto en común. Pues, volviendo al principio del párrafo, el caso es que el toreo, de buenas a primeras, «deja de ser» una costumbre nacida en Andalucía, elaborada en Andalucía y mantenida en Andalucía, de dónde son más de las dos terceras partes de los toreros existentes en los últimos doscientos años y dónde está el mayor número de ganaderías y estuvieron todas hasta que alguien se llevó una a su pueblo, para ser «el mejor ganadero del mundo». «Experto en márketing taurómaco», desde luego, tanto como para buscarse la enemistad de un poderoso colectivo, al llamar «feminista» a uno de sus toros.

El toro es una parte del ganado retinto que, como se ha dicho, es natural de Andalucía aunque se haya extendido fuera, porque nadie puede impedir que haya quien compre ganado ni quien lo venda. Pero nada deja de ser original de un lugar porque se traslade a otro.

El ganado retinto ha sido vilipendiado durante mucho tiempo y despreciado en comparación con el charoláis francés. Y es que hace años había diferencia entre ambos, pero era diferencia de trato al ganado. El charoláis es un ganado cuidado al máximo, limpio, bien alimentado. En el Estado español el ganado todavía está menospreciado y se busca instalar macrogranjas con maltrato animal, antes que cuidarlo como hacen en Francia (como hacían, porque ya se extienden allí también las macro-granjas, en perjuicio del animal y del ser humano, al procurarle una carne falta de la energía de un ganado enérgico). Es sabido que las vacas dan mejor leche cuando reciben un buen trato que incluye la limpieza, tanto del animal como del establo, las naves de la ganadería, la alimentación, la posibilidad de andar y pastar en vez de vivir aprisionadas. Hasta que nacieron las ganaderías diplomadas, dónde las vacas gozan de un cuidado y una limpieza exquisitas. La mejor leche es la certificada, procedente de ganaderías diplomadas. Fuera de ese sector, muy minoritario porque mucho hablar, pero la mayoría prefiere la marca blanca que es más barata, una de las mejores leches conocidas se produce en la comarca de Los Pedroches. Su producción y venta ha crecido gracias al esfuerzo de sus productores, lo que demuestra que la ganadería retinta no es ni mucho menos una ganadería de segunda fila.

El problema, la cuestión, a todas luces no es de cuernos. Pero se está olvidando que los animalitos citados en este capítulo producen sabrosa carne, mejor jamón y leche de primera calidad. Y son de origen andaluz. Mejor sería no olvidarlo. La cosa es tan importante como hablar del olivar, del arroz o de los frutos producto de su campo.

No se debería olvidar ninguna seña de identidad. Aunque alguna pueda parecer nimia, todas son importantes. En definitiva, el jamón, un producto de renombre mundial, es andaluz de nacimiento y, aunque posteriormente se venga produciendo en otros lugares, no deja por eso de ser andaluz. Y, como todo lo demás, no es algo inventado en un momento. Han sido necesarios muchos años hasta encontrar el mejor jamón, la mejor miel, etc. y más tiempo para consolidarlo. Quien llega y lo instaura en unos días, no puede ser el original. No ha realizado investigación necesaria en cualquier producto y eso significa tiempo. Es la copia. Pero ser la copia no desmerece el producto, lo que lo desmerece es el atrevimiento de quererse imponer sobre el original. El original forma parte de la identidad andaluza. La copia forma parte de quienes quisieran anularla.

La agricultura y la ganadería, las variedades que da esta tierra, son parte de sus señas de Identidad, porque son variedades nacidas, criadas y mantenidas en Andalucía, con esfuerzo y trabajo de los andaluces.

XIV
Qué piensan los demás

Nos ha parecido de interés conocer la visión de otras personas, sobre tema de tanta importancia como la Identidad de Andalucía y del pueblo andaluz y darle algo más de variedad a este conciso análisis. Para ello se ha consultado a más de trescientas personas —la mayoría por correo electrónico— de todos los estratos sociales y de distinta formación académica, de Andalucía, Canarias, Cataluña, Euskadi, Extremadura y Madrid. Lo que sigue son las respuestas de quienes han respondido.

Se ha optado por reducir al máximo el número de preguntas para centrar la cuestión lo mejor posible y no complicarla ni dispersarla con una encuesta prolongada, en la que podrían solaparse algunas respuestas. El temario planteado ha sido:

1.- *¿Cómo definiría qué es la identidad de un pueblo?*

2.- *¿Piensa que el pueblo andaluz es un pueblo con identidad?*

3.- *¿Por qué?*

También se ha dejado espacio para que los encuestados pudieran añadir alguna observación o comentario, que están incluidos en la tercera respuesta, porque la mayoría ha completado su respuesta con consideraciones y conclusiones muy en consonancia con la intencionalidad impresa a la encuesta.

A continuación se incluye la relación de los encuestados que han respondido —otros no habrán podido responder, hay muchas razones para ello—. Solamente se han transcrito las respuestas correspondientes que se reseñan dos párrafos más atrás, en orden alfabético de nombres. Se ha optado por no hacer conclusiones finales, para que sean los lectores quienes las saquen.

Agustín Javier Salas García

Físico e informático

1.- Es un sentimiento basado en una cultura, una historia, un lenguaje y unas costumbres comunes que identifican a unas personas, como pertenecientes a un grupo

2.- Indiscutiblemente.

3.- Porque mantiene ese sentimiento común de identidad. Pero el nacionalismo andaluz no está bien comprendido ni siquiera por los propios andaluces. El nacionalismo catalán o el vasco son nacionalismos arcaicos, de castillo y foso. Dentro están los buenos, fuera los malos. El nacionalismo andaluz es una evolución moderna, como no podía ser de otra forma. Mi bandera es mi acento, mi lenguaje, dice de dónde vengo mejor que ninguna tela de colores. Andalucía está dónde esté un andaluz. Todo el mundo lo sabe y lo nota. Nadie puede luchar contra eso. Por eso un andaluz puede ser más español que nadie y más europeo que nadie y ser nacionalista. Ya es hora de que lo asumamos y defendamos nuestra forma de ser.

Alejandro Rojas-Marcos de la Viesca

Licenciado en Derecho. Estudios complementarios de Filosofía y Ciencias políticas, Lengua y Literatura

1.- La identidad de un pueblo es su conciencia colectiva. Es lo que le da coherencia. Si no hay conciencia colectiva de identidad, esta se confunde con una serie de peculiaridades dispersas según el parecer individual de los miembros de ese pueblo. Peculiaridades que facilitan la manipulación por

poderosos del interior y del exterior, en beneficio propio.
2.- Tiene identidad débil, porque su conciencia de pueblo es débil.
3.- Pero el pueblo andaluz tiene una **base** objetiva potente para adquirir esa identidad: historia, cultura, hábitos, valores y, sobre todo, una **problemática** colectiva que, en el futuro, puede provocar el surgir de una **vanguardia** que consiga una **voluntad** que le lleve a movilizarse, utilizando esa base para cohesionarse y generar un **poder** que trate de resolver esa problemática. En ese momento, el pueblo andaluz tendrá fuerte identidad.
Alicia Cifredo Chacón
Escritora, actriz, directora de cine y teatro
1.- Aunque primero habría que definir pueblo e identidad, aventuro que éste concepto, hoy por hoy, suele hacer referencia a un pasado cultural e histórico común a un grupo humano, adscrito originariamente a una cierta ubicación.
2.- Si la actual Andalucía se caracteriza por ser el resultado de una constante modificación de fronteras, ultimada el siglo pasado en base a intereses políticos y económicos, ajenos a su realidad cotidiana, su identidad como pueblo se establecería como el poso dejado por la suma de las distintas culturas que han pasado por dichas fronteras, esto es, la de la población presuntamente autóctona con la de las distintas comunidades afincadas desde los nómadas albores de la humanidad, hasta tiempos más recientes.
3.- El por qué y otros comentarios subyacen en la respuesta anterior.
Alicia Ruiz del Moral

Agente banca digital

1.- La definiría, como el sentimiento que se crea en un determinado grupo social, en base a sus tradiciones, historia, creencias, cultura, e incluso climatología y situación geográfica.

2.- Sí.

3.- En base a la respuesta anterior, el pueblo andaluz, a lo largo de la historia ha ido adquiriendo las costumbres, creencias, tradiciones, gastronomía y hábitos de los pueblos asentados anteriormente en esta tierra, como por ejemplo: tartesos, fenicios, romanos y árabes entre otros. Además del clima mediterráneo que también influye en el carácter de su gente.

Antonio Muro Romero

Ingeniero Industrial. Jubilado

1.- Es el desenvolvimiento de su sentido social a lo largo de su historia.

2.- Si.

3.- La vida social ha sido plasmada por las diversas influencias de las diversas culturas que se han desenvuelto en Andalucía a lo largo de su historia.

Basilio Moreno García

Programador informático

1.- La Historia y la cultura del mismo

2.- Por supuesto

3.- Por su trayectoria Histórica y cultural

Pienso que las culturas de los pueblos son muy importantes, el conocer sus orígenes y su trayectoria las enriquece muchísimo. Pero cuando éste apartado se somete al mundo político se manipula.

Candelaria Román Cordero.

1° de Cocina

1.- Su cultura, su historia, su idioma.

2.- SI
3.- Por sus manifestaciones, su lucha por una independencia.
Carlos Amado Reina
Gerente regional de ventas
1.- Es el tatuaje único que llevamos tatuado, pero sin tinta, en nuestro ser.
2.- Sí.
3.- Nos hicimos a nosotros mismos con lo que nos dejaron tener. Y ya sea poco o mucho, con ello lo damos todo.
Eduardo Reyes Pino
Empresario de construcción en madera.
1.- Su historia y la fidelidad de su gente a ella, definen su identidad.
2.- Los andaluces en su inmensa mayoría siguen siendo andaluces por sus maneras y formas estén donde estén, es decir, mantienen la Identidad del pueblo andaluz.
3.- Porque no se puede borrar la huella de tantos y tantos siglos de historia del pueblo andaluz.
A pesar de llevar viviendo en Cataluña sesenta años y conocer perfectamente el idioma catalán, sigo hablando un andaluz perfectamente reconocible. Muchísima gente me llama "el cordobés".
Gabino Maqueda Rubbo
Administrativo y celador
1.- La identidad podría definirla como el conjunto de su historia, hasta sus tradiciones y costumbres.
2.- Sí.
3.- Porque a pesar de tener una información bastante limitada sobre nuestro pasado, hemos conseguido transmitir a través del tiempo una serie de costumbres sociales y culturales que chocan con las

del resto de pueblos, tanto con los que nos inculcaron nuestra sociedad actual, como los que tenemos cierta afinidad histórica. Hemos conseguido crear una sociedad en base a transformar imposiciones, en vez de doblegarnos a un «único mandato», es lo que hace que el andaluz tenga una identidad propia que destaca de la de los demás.

Isabel M. Barriga Racero

Abogada

1.- La identidad de un pueblo es el resultado del conjunto de todos esos valores o caracteres comunes que comparte una colectividad determinada y que no sólo conforma su esencia, su intrínseca forma de ser, sino que además le hace diferenciarse de las demás. Y si me pusiera más «poética», podría definirla como «lo que compartimos desde la esencia».

2.- Sí. Claro que tenemos identidad, lo que ocurre es que la tenemos negada o escondida.

3.- Pues esta es la gran cuestión. Hemos sido educados desde hace muchos años para ser un pueblo de mucho sentimiento y muy poca conciencia, porque no es lo mismo sentirse andaluz que tener conciencia de serlo. Nos fueron robadas nuestras señas identitarias, cuando convenía venderlas como «españolas», las banalizaron y nos las devolvieron desgastadas, de forma que hoy están tan minusvaloradas en el resto del territorio español que, en muchas ocasiones, relaciona «lo andaluz» con lo marginal y son muchos andaluces los que se «sienten» en primer lugar, españoles, como si no existieran esos nexos de unión que nos configuran como pueblo.

Son muchas más las razones que se podrían traer a este debate pero quizás por mi experiencia, creo que otra de las más importantes es precisamente la conveniencia política de que el territorio más poblado del Estado español no se convierta en un problema para los partidos centralistas, que nos utilizan como moneda de cambio cada vez que está en juego que puedan ganar o perder peso político en el país, así les conviene tener un territorio que no tenga sentimiento de identidad, que no crea que los intereses «centrales» son distintos de los propios, y que sólo se puede prosperar, avanzar y reivindicar desde el amor propio de un pueblo que tiene conciencia de su ser y voluntad de poder definir su futuro.

Jaime Martín Palomo

Profesor (jubilado)

1.- La identidad es el conjunto de características que distinguen a una persona de otra; son propias de cada individuo o colectivo y las distinguen el resto de individuos o colectivos.

La identidad es una construcción de la cual el sujeto extrae permanencia y singularidad. La permanencia se refiere a lo que es como persona, siendo un ser idéntico en sí mismo. La singularidad le asegura ser único y no confundirse con otro. La identidad en el origen es su singularidad.

En el caso de colectivos, refiriéndose a los pueblos, la identidad se definiría como el conjunto de rasgos o características que tiene ese colectivo y que ha permanecido inalterado a lo largo de los años, admitiendo o asumiendo características y rasgos de otros pueblos, haciéndolas suya.

2.- Creo que el pueblo andaluz es un pueblo con identidad propia

3.- Las explicaciones serían diferentes según la persona preguntada. En mi caso pienso que sí. Esta identidad sólo se exterioriza en personas o colectivos muy contados, otros la mantienen oculta. Pienso que es una identidad muy fuerte y no se plantea explicitarla o no saben que la tienen.

Cuando se habla de identidad, en seguida viene a la mente el carnet de identidad. Lo miras y te das cuenta que tu identidad o pertenencia es a otro colectivo diferente: España. Ahí la identidad como pueblo andaluz es negada en aras de una identidad superior o estado, que es el español. En fin, una pena.

José Manuel Vigueras Roldán

Licenciado en Bellas Artes. Profesor asociado a la UGR. Profesor de Bachillerato de Artes. Dibujante ilustrador.

1.- Pienso que la identidad de un pueblo define su personalidad. Son los rasgos exclusivos que lo hacen diferente a otros pueblos del mundo. Rasgos singulares que aunque tengan sus raíces en influencias diversas son capaces de generar personalidad propia.

La identidad de un pueblo está configurada por su cultura, su historia, su folklore, su expresividad artística, su lugar geográfico, su economía, entre otras muchas características.

2.- Sí que es un pueblo con identidad, con una identidad propia, una identidad que se ha ido definiendo desde su prehistoria hasta nuestros días. Sus rasgos son fácilmente identificados con respecto a otras identidades, y tienen unos rasgos tan patentes hasta el punto de ser manipulados a través de tópicos, e incluso algunos de esos rasgos han pretendido manipularlos o ser apropiados por otras entidades.

3.- La identidad del pueblo andaluz se ha forjado a través de los siglos y ha sido singular gracias al peso de su historia. Al ser un territorio entre continentes ha hecho posible una personalidad abierta y muy diferenciada de otros territorios que en su devenir histórico se han posicionado a la defensiva o cerrándose en sí mismos.

Esta identidad tan abierta del pueblo andaluz ha posibilitado que seamos una identidad viva, capaz de recrearse en sí misma y de generar un avance en su folklore, en su cultura y en su forma de entender la vida.

En contra de estas características de identidad abierta podemos considerar que nuestra conciencia identitaria cómo pueblo es muy frágil ya que los discursos que nos dominan nos han ido robando sus principales rasgos.

Un estado moderno como el español ha necesitado una identidad de característica fuerte y se la ha robado al pueblo más débil. Más débil en su conciencia como pueblo y en su dependencia económica.

José María Cabeza

Catedrático de Economía

1.- Conjunto de características, elementos o rasgos que definen la manera de entender la vida y de vivir de un pueblo (su cultura en sentido antropológico)

2.- Si

3.- Porque tiene una historia y una cultura propia

José María López Blánquez

Empresario electrónico (jubilado)

1.- La identidad de un pueblo es el conjunto de rasgos culturales y vitales que un grupo más o menos numeroso de seres humanos comparte por factores geográficos e históricos. La identidad cultural es el poso, reposado y dinámico, que el pasado lega al presente y define un pueblo o nación, lo caracteriza y lo diferencia de otros pueblos. A su vez es la aportación que ese pueblo hace a la humanidad, un enfoque de la vida que enriquece a la especie y al planeta.

2.- Sí. Es evidente.

3.- Es una evidencia, no es una opinión ni una creencia. Por su historia, por su lengua y la sonoridad de sus expresiones, por sus cantos y músicas populares (el flamenco, la copla, etc.), por su gastronomía y la manera de celebrar y compartir la vida, por sus fiestas, que vertebran lo humano y lo sobrehumano, por su literatura y su arte, por aquellos que han sabido ver y contemplar a Andalucía, la han poetizado y la han inmortalizado, por la dulce sonoridad toponímica de pueblos y lugares, por esa alquimia que el tiempo destiló en el crisol de sus paisajes únicos y de unas gentes de luz que varias veces fueron faro del mundo conocido (más que una cultura, es una civilización) depositario de una gracia inteligente imposible de definir, porque se refiere a la experiencia vital. En Andalucía cultura y vida se confunden.

José Pedro Gil Román

Escritor, actor

1.- La identidad de un pueblo, se define por las características culturales que identifican a una comunidad, que se mantienen en el tiempo e influyen claramente en otras comunidades con las que conviven como consecuencia de conquistas, situaciones económicas y políticas, económicas o culturales entre otras.

Para considerar que un pueblo tiene una identidad propia, es imprescindible que las características que lo definen sean claramente visibles y diferenciales en las tradiciones, creencias, símbolos culturales y en definitiva en el conjunto de valores que se han mantenido a lo largo de la historia, creando formas de comportamiento y repuestas ante la vida en lo social, lo económico, lo religioso, lo político etc. basado en las tradiciones y costumbres que han ido fundamentando la pertenencia a un grupo social y que actúan para que en los individuos que lo componen, se cree un sentimiento inequívoco de pertenencia.

2.- Sí, rotundamente.

3.- Sería muy largo explicar aquí el conjunto de razones por las que Andalucía es un pueblo con identidad propia, pero ante la cantidad de respuestas que se me vienen a la cabeza para contestar a esta pregunta, no me es difícil decir las que considero básicas:

1.- El pueblo andaluz es descendiente de los primeros pobladores de la península ibérica, Tartesos. Esta civilización, se distinguió por establecer en el territorio andaluz una de las primeras culturas mediterráneas con acento propio aquí desarrolló su identidad, antes de empezar a relacionarse con otros pueblos.

2.- El Andaluz, a pesar de haber sido invadido y colonizado por innumerables civilizaciones, no solo no perdió nunca su identidad, sino que aportó a las mismas el sello característico de la propia.

En Andalucía, nace *Marco Ulpio Trajano* el *18 de septiembre* de *53 d.c.* en la ciudad de *Itálica* (actual Santiponce), adscrita a la provincia romana de Baetica.

Igualmente, *Publius Aelius Hadrianus*, también nace en Itálica (Santiponce, Sevilla) el 24 de enero del año 76 d.c.

Los ascendientes del Emperador Adriano, emigraron a Itálica con los Escipiones a finales del siglo III a.c.

Trajano le llevó a Roma, donde recibió una esmerada educación y con 15 años regresó a Itálica, hasta que fue llamado de nuevo para atender cuestiones de estado cada vez más importantes y convertirse en Emperador.

En estos dos personajes históricos de la máxima influencia en el mundo conocido en su época, estuvo impregnado de alguna manera y sin lugar a dudas, la identidad andaluza de la Baetica. No olvidemos, que en ambos casos, los antepasados de los emperadores, convivieron con los aborígenes andaluces durante varios siglos y de ellos se llevaron parte de su cultura, tradiciones y costumbres.

3.- En Andalucía, nace también la Civilización Islámica que rompe con todas las tradiciones de los árabes que en 711 invaden España.

Los pueblos árabes invasores eran barbaros y fervientes seguidores del islamismo más radical, pero cuando establecen su capital en Andalucía, el islamismo hispánico transforma las costumbres y tradiciones y dota a la religión de una tolerancia antes nunca conocida. En al-Ándalus, conviven la religión islámica, la judía y la cristiana y lo hacen en paz durante siglos hasta el punto, que permanecen 800 años en Andalucía.

Las costumbres se transforman en torno al ser andaluz y en al-Ándalus, se bebe vino y se crea la cultura más importante de occidente. Sí, digo de occidente porque en el año 756, Abderramán I, proclamó el Emirato Independiente de Córdoba y años más tarde, el 16 de enero de 929, Abderramán III el Califato de Córdoba, tras la victoriosa rebelión en 750 contra la dinastía Omeya de Damasco.

Así pues, queda demostrado que en ambos casos, el ser andaluz transforma a otras culturas y otras religiones impregnándolas de su propia cultura, tradición y costumbre, haciéndolas diferentes.

Por dar una pincelada más a la identidad de este pueblo, la historia nos cuenta como Alfonso X el Sabio, hijo de Fernando III y rey de Castilla, cambia totalmente la tradicional cultura de los barbaros castellanos.

Alfonso X, acometió una activa política y económica muy beneficiosa, reformó la moneda y la hacienda, concedió numerosas ferias y reconoció al Honrado Concejo de la Mesta. También es reconocido por la obra literaria, científica, histórica y jurídica realizada por su escritorio real. Alfonso X patrocinó, supervisó y, a menudo, participó con su propia escritura y en colaboración con un conjunto de intelectuales latinos, hebreos e islámicos conocido como Escuela de Traductores en la composición de una ingente obra literaria que inicia en buena medida la prosa en castellano.

Todos los hechos relatados, independientemente de que podrían ampliarse hasta el infinito, dan a conocer cómo la identidad de Andalucía ha traspasado fronteras e influido en otras civilizaciones

En la edad moderna y por desgracia, la misma identidad que nos cualifica, ha servido para que este pueblo de tradiciones y costumbres arraigadas, creador de culturas y pacifista, se haya recogido en su propia idiosincrasia para dejarse morir. Andalucía, cuna de emperadores, califas y reyes, yace hoy víctima de su propia identidad. Una identidad pacifista, humana y tolerante *"donde to er mundo ez bueno"* y donde sus garras se han escondido como las de un tigre que se lame sus heridas con el Flamenco (Lamento del pueblo andaluz ante la miseria, el hambre y el abandono), esperando a un líder honesto que sea capaz de ponerla de nuevo en pie y de llevarla al lugar que se merece por su propia identidad histórica.

Josep Romero i Colls
Jubilado

1.- Un sentimiento de pertinencia que tienen sus habitantes y que se refleja en su cultura.

2.- SI!!

3.-Porque así lo manifiestan sus habitantes y lo evidencian sus manifestaciones culturales, con un carácter muy propio.

Tal como van las cosas en general y las necesidades que tiene Andalucía y su gente, los andaluces/zas, se irán dando cuenta de por dónde encuentran la salida que necesitan (la palabra «salida» en más de un sentido).

Juan Antonio Díaz López
Profesor universitario. Pintor

1.- La identidad de un pueblo viene definida por una serie de factores, una comunidad, una historia común, una lengua y una cultura a través de la historia.

2.- El pueblo andaluz tiene todos los rasgos que definen la identidad a la que añade el rasgo de la universalidad.

3.- Los rasgos distintivos andaluces no son excluyentes, sino es una identidad abierta donde lo mestizo está siempre presente !
Juan Ortiz Villalba
Profesor

1.- He debatido muchas veces con mis alumnos, conocidos y amigos, si los «pueblos» y las «naciones» existen o son meras abstracciones... Los pueblos y las naciones no son como los individuos y, por tanto, no pueden tener como éstos, opiniones, sentimientos, voluntad, etc.

2.- Me remito a la respuesta anterior...

3.- Sin embargo, esto no es óbice para que, cuando el conjunto o la mayoría abrumadora de los individuos que pueblan un territorio —con toda la diversidad que pueda haber entre éstos, en cuanto a raza, lengua, religión, creencias y costumbres— se sientan DOMINADOS, OPRIMIDOS, DESPRECIADOS, EXPLOTADOS, MANIPULADOS... por un Estado, NO ESTÉN EN SU DERECHO DE UNIRSE Y REBELARSE CONTRA EL PODER QUE LOS DOMINA, OPRIME, DESPRECIA, EXPLOTA Y MANIPULA...
Juan José López y López.
Jubilado del Comercio.

1.- Conjunto de rasgos propios, (históricos, lingüísticos, antropológicos, etc) que le caracterizan y distinguen ante los demás.

2.- Sí, sin duda alguna. Y tiene CONCIENCIA de ello.

3.- Porque así lo percibí nada más llegar con 18 años de edad. Soy ORGULLOSAMENTE andaluz por elección, no por nacimiento.

Juan Tomás Perdomo
Maquinista Naval Jefe. Experto en psicología Política. Activista social
1.- Es todo lo que lo identifica, lo que lo diferencia de otros, lo que remarca ciertas características buenas o malas de su territorio y de sus gentes a lo largo de su existencia.
2.- Es un Pueblo con muchísima y marcada identidad.
3.- Por su territorio y costas, por sus gentes, por su idiosincrasia, por su producción agrícola y ganadera, por su particular estilo culinario, por su lengua y modo de expresión en sus acentos, sus bailes, sus cantes y su rica cultura. Por estar bajo los efectos del «Síndrome del Colonizado» por la dominación española.
El Pueblo llano andaluz, el pueblo trabajador, permanece bajo el control de la Alta Burguesía española y capitalista, herederos de los conquistadores y afines de la Dictadura franquista que exaltan las fiestas y celebraciones de todo tipo para mantenerlos enajenados y abducidos.

Manuel Francisco Muñoz Cebador
Técnico experto en Futsal
1.- Lo que le identifica y diferencia de otros pueblos, en cuanto a su música, su alimentación, sus formas de vestir, su lengua, sus costumbres..., aunque en contadas ocasiones se compartan en parte con otras de su cercanía o fenómenos históricos de repoblación o emigración de otros pueblos, algo muy común en

todos los pueblos. Pero aun así mantiene unos rasgos que los diferencia e identifican con un pueblo en común.

2.- Uno de los que más, por sus años de toma de decisiones en un país como España, a lo largo de su historia. Incluso antes de ser España.

3.- Porque esa toma de decisiones forjadas del conocimiento y la experiencia, fueron primero transmitidos de generación en generación, y por haber sido plasmados en textos que posteriormente ha sido la referencia de otras muchas culturas y pueblos en el mundo, como en Europa en el renacimiento y en América con la colonización, donde el andaluz y su influencia siempre han estado plasmados en habla, alimentación, formas de vestir, tecnología, métodos...

Considero muy necesario que nuestra identidad llegue a los centros escolares, para evitar que los andaluces sigan esperando las o sus soluciones de otros pueblos, al saber que han sido referencia de gran parte de la modernidad de hoy día.

Manuel Hijano del Río

Doctor en Historia. Profesor titular de la Universidad de Málaga

1.- La identidad de un pueblo es el conjunto de rasgos culturales e históricos comunes, reconocibles y asumidos voluntariamente por un grupo humano.

2.- Obviamente, sí.

3.- Porque Andalucía posee unos evidentes rasgos que son aceptados por los andaluces voluntariamente. Esos rasgos son, resumidamente:

- culturales: forma de «ser andaluz» y de «expresión de lo andaluz», que se materializa cada día para la

comprensión e interpretación del mundo y sus relaciones.
- históricos: pasado común, hechos o acontecimientos definitorios y explicativos de esos rasgos culturales comunes.
- geográficos: Un espacio concreto que ha marcado los elementos identitarios.

Manuel Medina Casado
Profesor de EGB
Licenciado en Historia. Profesor de E.G.B.

1.- Una definición de la identidad de un pueblo sin el nombre de ese pueblo es algo quimérico, abstracto, inútil. Un juego de palabras sin precisión alguna.
2.- Si, pero la identidad del pueblo andaluz es geológica, geográfica, es histórica, es relacional con los pueblos visitantes, vecinos... etc.
3.- Porque se puede confeccionar un sistema de ideas y conceptos de lo que fuimos y somos racionalmente con los que nos rodean. Otra cosa es la utilización política que queramos hacer de esa supuesta identidad.

Manuel Ochando Ortiz
Delineante Proyectista (actualmente jubilado)

1.- La identidad de un pueblo es aquella que le da características comunes, culturales, geográficas, de lengua y que tienen un hilo conductor de vida y recuerdo con el legado de sus ancestros.
2- Si, porque se reconoce a sí mismo con características propias, y es reconocido también por la población no andaluza allá donde se encuentre.
3.-Tiene un carácter abierto y acogedor fruto de la rica cultura que ha desarrollado a través de milenios. Su mente abierta y lúcida ha sido capaz de resistir

numerosas invasiones sin perder lo más genuino de su ser e identidad.
A pesar de que a través de los siglos sus dominadores han tratado de quitarle su identidad, la realidad es que la masa del pueblo andaluz ha sido capaz de conservar sus principales características propias, lengua, forma de ver la vida y de situarse en ella y de tener una visión amplia de las cosas. También en todas las épocas, también en la actual, siempre ha tenido un grupo de intelectuales lúcidos que saben de la vida de sus antepasados y que a pesar de los obstáculos que ponen los invasores de Andalucía, son capaces de transmitir ese conocimiento a una amplia capa de andaluces que saben la situación real en la cual se encuentra el pueblo andaluz.
Manuel Osuna
Transporte
1.- La identidad se define por la cultura, las costumbres, la lengua, sus fiestas, etc.
2.- Si, el pueblo andaluz tiene su identidad propia, pero los gobiernos centralistas nos la intentan ocultar, cambiando los libros de texto con la información que ellos quieren que aprendamos.
3.- El pueblo andaluz tiene su identidad, porque ha sabido aprender y adaptarse a las distintas civilizaciones que pasaron por Andalucía, acaparando conceptos de sus culturas, idiomas y costumbres y haciéndolas suyas para crear su cultura propia.
Quizás sea una utopía, pero en un futuro próximo Andalucía será una nación libre gobernada justamente y será la envidia del mundo por ser el país mejor gobernado.
Manuel Ruiz Romero
Doctor en Historia

1.- Se definiría como el conjunto de elementos, rasgos o valores materiales, inmateriales, incluso intangibles... que hacen a una colectividad poseer unas características propias y definitorias sobre un territorio. Considero que dicha identidad sería su más genuina e indiscutible aportación a la humanidad y la universalidad.

2.- Una primera consecuencia de esta idea anterior debe ser la toma de conciencia que de la misma tienen sus conciudadanos (de que es importante y de que exista), lo identificados que se sienten con ella (que se perciben ante tal) y lo que se movilizan en pro de su conservación, promoción y defensa. En segundo lugar, entiendo que la asunción de ese concepto de identidad implicaría reconocer unos valores, en primer lugar, colectivos (voluntad de su conocimiento en primer término) y, en segundo lugar, populares e intergeneracionales; ambos pues invitarían a ser debidamente documentados, reforzados y motivados con las debidas aportaciones de todas y cada una de las ciencias, según proceda el caso. En cualquier caso, esa identidad distintiva, debe significar cohesión y puede, o no, traducirse en términos de sujeto político como vehículo y herramienta organizativa/representativa para su defensa soberana. Hablamos siempre de identidad colectiva aunque pudiera existir, obvio, personal.

Recuerdo una frase de Infante en su Ideal Andaluz diciendo algo así: si no existiera la identidad andaluza no sería argumento alguno para dejar de buscarla y procurarla.

3.- Creo que nadie sensato puede discutir la personalidad singular que posee Andalucía y que puede identificarse como identidad; otra cosa es la conciencia que los andaluces y andaluzas tienen de la misma y si ese orgullo, iniciático y primario podríamos decir, implica una movilización para su defensa y argumentación. Es notorio que eso no siempre se siente en el hecho andaluz; aunque también cabe decir esta realidad que viene condicionada por la existencia de otras identidades que eclipsan o condicionan la nuestra como tal y la nítida e integral percepción de ella por parte de nuestro pueblo.

María Palma Domínguez Valdivia
Enfermera

1.- Aquello que te hace único pero no excluyente. Sería el uso de la «y» griega en vez de la «o».

2.- Por supuesto.

3.- Por todo lo propio que ama y lo ajeno que asimila....aunque a veces se
desequilibra un poco y se pierde en tonterías de la que los únicos que sacan provecho son los que creen que la identidad te hace mejor que a otros.

Miguel Ángel Bascón
Graduado en Derecho.
Asesor jurídico mercantil, social, fiscal y financiero.
Productor audiovisual.

1.- La identidad de un pueblo se define por una Cultura propia y reconocible (modo de producción y expresión). Sus fiestas, hábitos y costumbres cotidianas, sus expresiones lingüísticas, y su sistema da resolución de conflictos. La estructura económica y social, y la situación resultante en las clases sociales realmente existentes.

2.- El pueblo andaluz tiene una fuerte identidad cultural, social y política, que no sólo es reconocible, sino que se expande a los territorios proximos, y se conoce universalmente.

La mayoría de las señas de identidad andaluzas definen la marca España en el mundo globalizado.

3.- ¿Por qué? Andalucía es una comunidad con unas relaciones sociales y con el entorno, cuyo rasgo más característico es la universalidad, por ser un pueblo mestizo, abierto a todas las culturas, encrucijada entre el Sur de Europa y Norte de África, y puerto entre el Mediterráneo y el Atlántico, con las Américas. La fuerza de las expresiones artísticas y culturales, que se generan en Andalucía, tienen tanta influencia en el resto de los pueblos ibéricos, que gran parte de sus señas de identidad son retomadas por el conjunto de Iberia e Hispania como propias.

Miguel Ángel García Moreno

Diseñador de páginas web

1.- Identidad es la serie de rasgos, características y peculiaridades que lo hacen diferente a otros pueblos.

2.- Sí. Y muy marcada.

3.- Porque aunque no nos damos cuenta los propios andaluces, las personas no andaluzas sí perciben que cambia el carácter de las personas cuando cruzan Despeñaperros.

Miguel Campillo Ortiz

Empleado público

1.- Como escribió Isidoro Moreno, «sólo poseen identidad aquellos pueblos que, como resultado de un proceso histórico específico, han modelado un conjunto diferenciado de comportamientos, actitudes, valores y sentimientos ante la vida y el mundo».

En mi opinión, los elementos básicos que definen la identidad de un pueblo son:

1) El territorio, que ofrece unas peculiaridades orográficas, climáticas, naturales, fertilidad del suelo, minería, etc.) que influyen en la sociabilidad del pueblo andaluz, entre otros aspectos. Y la posición geoestratégica que ha tenido y sigue teniendo, para bien y para mal, el territorio andaluz.
2) La historia de ese territorio y sus habitantes como el resultado de los diversos posos culturales dejados a lo largo del tiempo desde Tartessos pasando por la romanización, el islam, el cristianismo, el judaísmo o las poblaciones negras, producto de la esclavitud, establecidas en Utrera, Gibraleón o Nerva).
3) El acervo cultural reúne diferentes aspectos: el habla o hablas andaluza/s, las tradiciones y costumbres, la gastronomía, las expresiones artísticas o las fiestas.

2.- Por lo tanto creo que sí, que tiene identidad propia. Otra cosa es que la población lo exprese con conciencia de pueblo. Lo hizo el 4 de diciembre de 1977 en un acto de autodeterminación: era una de las nacionalidades históricas junto a Catalunya, Eskadi y Galiza. De hecho hubiera dispuesto también de Estatuto de Autonomía de no haberlo evitado el golpe fascista de julio de 1936.
Y lo hizo también en el referéndum del 28 de febrero de 1980. Y desde entonces pareciera dormida.
A mí, como laicista, me gusta el lema original «Andalucía por sí, para Iberia y la Humanidad». Implica solidaridad, que no caridad. Y además, sueño

con la Confederación de Repúblicas Ibéricas, laicas, naturalmente.

3.- La identidad no es tan consciente como debiera por la ejecutoria del PSOE al frente de la Junta de Andalucía. Con decir que ha tenido que ser 2021 el año en que Canal Sur Radio y la Fundación Blas Infante lleguen a un acuerdo para emitir un programa titulado «Andalucía en la Historia» conducido por Pura Sánchez, con Isidoro Moreno y Manuel Delgado, los tres patronos de la Fundación…está dicho todo.

Modesto González

Alcalde de Coria del Río. Coordinador Nacional de Andalucía por Sí.

1.- Es todo aquello que lo caracterice, que lo configure y lo moldee, desde su lengua, su historia, su cultura en el más amplio sentido, su economía o sus raíces genéticas.

2.- Por supuesto.

3.- El pueblo andaluz responde por completo a la definición anterior de identidad. Nuestras hablas han sido una evolución fruto de los siglos y civilizaciones que han recorrido nuestro territorio y nos caracterizan de forma más que evidente. Tenemos una cultura e historia muy diferenciadas en relación a otros pueblos, elementos que también han dado lugar a una economía muy particular. Y si en algo nos diferenciamos de cualquier otro pueblo es en nuestras raíces genéticas, en el mestizaje que las configuran. En definitiva, Andalucía es un pueblo, claro que sí.

Nonio Parejo

Realizador cine y tv

1.- La manera de enfrentarse a la vida, y la manera de relacionarse entre sí

2.- Sí, pero subterránea
3.- No le damos importancia, además en ciertos aspectos nos sentimos acomplejados, en el habla por ejemplo.
Oscar Reina
Secretario General del Sindicato Andaluz de Trabajadores
1.- Bajo mi punto de vista, la identidad de un Pueblo es el conjunto de valores culturales, históricos, geográficos y sociales que lo definen a lo largo de su existencia y que se tiene conciencia y consciencia de ello. Es decir, aquello que te define como Pueblo, como comunidad, que te identifica como tal y que sabes lo que fue, lo es y puede ser, para poder defenderlo como tuyo y que le sirve de referencia y símbolo al individuo para desde lo personal se sienta partícipe de dicho colectivo en todo su espectro.
2.- Bajo mi punto de vista, total y rotundamente sí.
3.- Creo que cumple con todos los requisitos para serlo. Para diferenciarse cómo lo que es con toda su Identidad. Más allá de que todos los individuos sean o no conscientes de su identidad, siempre, históricamente hemos tenido y tenemos quienes han sabido de su conciencia comunitaria popular, la han reconocido, se han reconocido en su símbolo y han luchado por ello, con todo lo que esto significa.
Paco Sanmartín
Delineante. Agente inmobiliario
1.- La identidad de un pueblo viene definida por diversos factores casi todos basados en su cultura que a su vez deriva de condicionantes como su historia, clima, geografía, economía e interacciones con otras culturas. Por lo tanto, la identidad es una combinación que se va forjando a lo largo de la

historia, cambiable en aspectos no sustanciales y que pese a las injerencias exteriores se mantiene en lo fundamental.

De esos sucesos se va creando y desarrollando una identidad, exactamente igual que con la formación de la personalidad humana y animal, basado en las experiencias de cualquier tipo y en la propia genética.

2.- Ha tenido identidad propia, que al igual que las identidades de otros pueblos (culturas) se está perdiendo por una globalización impuesta, una invasión semi-cultural y comercial que arrasa y en cierta forma aniquila la personalidad popular y cultural. Desde música, hasta comercios, formas de vestir y formas de hablar; esto se está notando mas en los grandes núcleos de población.

La identidad andaluza, ha ido desarrollándose siglo tras siglo pese a intentos premeditados por grupos organizados que han intentado acallarla; quizá la peculiaridad andaluza es que pese a todos esos intentos e incluso a un complejo de inferioridad que ha permanecido en el pueblo andaluz que se deriva de la presión ejercida por otras zonas y entidades en un intento de someterla ha persistido hasta el momento un orgullo identitario, que como expongo en el párrafo anterior está siendo ahogado por una invasión anticultural que intenta alinear todas o la mayoría de culturas tradicionales en un saco artificial que se fundamenta en el interés comercial y de dominación de la colectividad.

3.- Creo que en la respuestas a las dos preguntas va la contestación.

Paco Vigueras.
Periodista y escritor.
Coordinador de la Plataforma Granada Abierta.

1.- La identidad de un pueblo es el sentimiento de pertenencia a una comunidad, que se reconoce en su historia, su cultura y su forma de hablar y emocionarse...

2.- El pueblo andaluz tiene una identidad muy sólida, de hecho el Estatuto de Autonomía define a Andalucía como nacionalidad histórica, aunque la mayoría de los andaluces no son conscientes de ello.

3.- Tras la conquista de al Andalus, fuimos castellanizados a la fuerza. Los conquistadores castellanos quemaron nuestros libros, prohibieron nuestra lengua, así como nuestra forma de vivir y sentir.

Es decir, impusieron un proceso de colonización mental, que es el peor de todos, pues te hace perder la conciencia de pueblo.

Actualmente los andaluces estamos recuperando nuestra identidad como pueblo, poco a poco, pues es difícil luchar contra cinco siglos de adoctrinamiento en el nacional-catolicismo.

Blas Infante, padre de la patria andaluza, nos enseñó a buscar en el otro lado del Estrecho, donde están los descendientes de la diáspora andalusí, que mantienen viva nuestra memoria histórica.

Los andaluces nos sentimos cada vez más identificados con el mestizaje intercultural, un legado que hemos recibido de la civilización de al Andalus, el período histórico en el que Andalucía alcanzó la soberanía plena y logró su mayor esplendor.

Pedro Ignacio Altamirano Macarrón
Pintor, poeta, diseñador gráfico

1.- La identidad de un pueblo, según mi apreciación, es el cúmulo de civilizaciones y culturas que han pasado por su territorio. Cada civilización va dejando un poso en el que se va amasando la identidad actual de un pueblo.

2.- Si, quizás sea uno de los pueblos con más identidad del mundo. Pocos pueblos pueden presumir de una identidad conocida y reconocida en todo el planeta como la andaluza.

3.- Por lo expresado en la primera pregunta. La situación geoestratégica de Andalucía, puerta del Mediterráneo, Atlántico, Europa y África, hace que hayan pasado y continúan pasando, multitud de civilizaciones y culturas que dejan su poso en la cultura colectiva andaluza. Es por ello de suponer que la identidad andaluza continuará creciendo en importancia con el paso del tiempo.

Pedro Romero Román
Profesor de Secundaria

1.- La capacidad que tiene de vivir la vida, sentirla, disfrutarla y defenderla.

2.- Sí.

3.- Porque defiende sus costumbres y tradiciones, su forma de ser, su forma de amar y disfrutar de lo bueno de la vida. Todos deberíamos ayudar y contribuir a ello.

Rafael Gutiérrez Rodríguez
Hostelería. Presidente del Centro Andaluz de Lora del Río

1.- Definimos como identidad de un pueblo el conjunto de valores, símbolos, creencias, modos de vida y comportamiento que funcionan como elementos, dentro de un grupo social.

2.- El pueblo andaluz es un pueblo con identidad propia y lo avala su historia, que ha hecho a los andaluces tal como somos ahora.

3.- Porque los andaluces creemos en nosotros mismos. Independientemente de nuestro pasado, es el futuro el que está siempre en nuestra mente, por lo que con este pensamiento el andaluz será indestructible.

Como dato, el noventa por ciento de los andaluces se identifica con sus símbolos y se muestra orgulloso de ellos según el estudio realizado por el CIS.

Pero el pueblo andaluz tiene una **base** objetiva potente para adquirir esa identidad: historia, cultura, hábitos, valores y, sobre todo, una **problemática** colectiva que, en el futuro, puede provocar el surgir de una **vanguardia** que consiga una **voluntad** que le lleve a movilizarse, utilizando esa base para cohesionarse y generar un **poder** que trate de resolver esa problemática. En ese momento, el pueblo andaluz tendrá fuerte identidad.

Ramón Padilla

Vaquero. Jubilado

1. Yo diría que es la suma de su carácter, (su idiosincrasia), su cultura y su historia.

2. Si hay en el mundo un Pueblo con identidad propia, sin duda alguna es el Pueblo Andaluz. Y me remito a lo dicho en el punto 1.

3. Su historia. Su cultura. Su carácter. Lo hacen único y diferente

Sebastián Martín Recio

Médico

1.- La identidad de un pueblo es lo más profundo de su acervo histórico y experiencial
2.- Sí.
3.- Aunque esa identidad haya sido caricaturizada, menospreciada o alienada, el pueblo andaluz conserva en su patrimonio cultural, lingüístico, territorial y social unos indicadores muy trascendentes como la diversidad, la apertura, la visión ancestral y resiliente de la vida y la cercanía en el trato humano...
Andalucía ha sufrido históricamente agresiones a su identidad desde distintos ámbitos e intereses, todas encaminadas a convertirnos en un pueblo colonizado por otras culturas y otros centros de poder. Pero los legados de otras culturas que dominaron el territorio andaluz han formado parte de las fuentes de nuestra propia identidad multicultural.
Tomás Gutier
Escritor
1.- Unas señas identificativas en su manera de ser, en su pensamiento interior y en sus valores éticos y morales que definen, asemejan, hermanan e identifican a quienes pertenecen a ese pueblo, constituyendo una realidad tangible.
2.- El pueblo andaluz tiene una identidad propia. Tan fuerte y definida que el poder político no necesita imponerla para basar en ella su dominio de la sociedad, como sucede en otros territorios. Por el contrario, intenta minimizarla y confundirnos.
3.- Porque nuestra historia, nuestra cultura como forma de ver la vida, sentirla y vivirla, nuestra forma de comportarnos, de convivir y relacionarnos, nuestro modo de entender a la madre tierra, nuestras costumbres, folclore, gastronomía, lengua y nuestro

carácter intrínseco, nos definen, identifican y marcan las convicciones y las acciones con las que evolucionamos a lo largo de los siglos.

No constituyen señas de identidad peregrinar a un lugar determinado, asistir a una corrida de toros, ser fanático de un equipo de fútbol atacando al adversario, decir jozú, mi arma o picha para seguir la corriente o aparentar gracia, reverenciar a una imagen determinada, odiar al vecino de al lado, contar chistes, tomarse una cerveza con una tapa o creerse el más gracioso del mundo, no constituyen señas de identidad andaluzas.

Por el contrario, ser el país donde han nacido destacados filósofos, pintores, intelectuales, músicos, literatos, sabios, historiadores, investigadores y personas de bien, sí constituye una de las señas de identidad más notoria del país andaluz.

Tomás Madueño Esquinas

Ingeniero. Jubilado

1.- Es el reconocerse con la historia, idiosincrasia, cultura y la defensa de sus valores.

2.- Sí y No.

3.- Sí por su ser diferencial en cuanto a cultura y habla. No en cuanto a su analfabetismo político e histórico y la no defensa de sus valores que lo lleva a ser súbdito. Desgraciadamente nos queda mucho para que el pueblo andaluz sea un pueblo consciente de su historia, cultura y socialmente responsable de su destino, rompiendo con aquellos tabúes y tópicos que lo hacen ser súbdito.

Tomás Maeso Díaz

Cocinero

1.- Es el conjunto, digamos de cuestiones (cultura, usos, tradiciones y demás) que unen a la gente en torno a algo generando ese amor propio por algo (en este caso de un territorio).

2.- Si el pueblo andaluz no tiene identidad es que ningún pueblo de la tierra la tiene. Pues claro que la tiene.

3.- El pueblo andaluz tiene identidad propia que en sí ha exportado en todo. La lengua, el andalusí, es parte del (digamos) 98 % de una lengua que dicen que se llama castellano. Las fiestas, por poner un ejemplo la Semana Santa, es simplemente una tradición andalusí que hoy se visibiliza en pueblos bereberes y rifeños (Amazigh) que trata en pasear las vírgenes, las doncellas casaderas. La arquitectura rural basada en los espacios abiertos hacia el interior para preservar en parte las culturas perseguidas desde Castilla y otros pueblos. Etc. El pueblo andaluz como dijo Blas Infante es un pueblo basado en la generación cultural y la lucha permanente por la paz, que casi siempre ha preferido perder batallas a combatirlas.

Yihad Sarasúa Helices

Técnico esp. jardinero

1.- Las características del entorno son condicionantes con las que a través de la evolución social generan características propias e identificativas frente a los demás pueblos y que se manifiestan en la lengua, ritos, ceremonias, relaciones sociales, expresiones culturales... creando de este modo una identidad para cada pueblo que se mantienen en el tiempo en un mismo espacio e identifica a ese pueblo sin lugar a dudas.

2.- Pienso que el pueblo Andaluz tiene la identidad más marcada, al menos de occidente y esta se puede reconocer desde las sociedades más antiguas hasta las actuales, además ha influenciado en las culturas de su entorno hasta el punto de que en algunos casos la identidad del pueblo andaluz se ve identificada en aspectos de los demás pueblos.

3.- Porque la identidad del pueblo Andaluz ha sido forjada, ha emanado de forma natural, sin imposiciones ni formaciones artificiales ni interés ajeno a los naturales del pueblo. Es una identidad que responde al entorno y desarrolla mecanismo de supervivencia en el solar de Andalucía, que por ser camino de paso de otros pueblos y culturas se ha convertido en un crisol capaz de incorporar a otros pueblos e individuos, sin que por eso deje de ser una cultura propia.

CONCLUSIÓN
Estar orgullosos de nuestra identidad es estar orgullosos de ser andaluces

Identidad es identificación, la identidad personaliza, identifica. Pero la identidad tropieza con un enemigo que no se ha buscado —porque a los enemigos no es necesario buscarlos, se les encuentra aún en contra de nuestra propia voluntad— Son quienes se niegan a reconocerla, quienes niegan la identidad a Andalucía. En eso se ha centrado este breve análisis, porque lo importante para los andaluces es estar seguros que tienen una identidad. Que su identidad es clara y determinante. Y que si en algún momento han olvidado parte de ella, debemos recuperarla y sentir orgullo de su posesión.

Que estar orgullosos de nuestra identidad es **estar orgullosos de ser andaluces**.

Y que tenemos motivos más que sobrados para estarlo.

Si la identidad abarca a todas las facetas de la mente y de la vida humana, parece importante y necesario poner a los andaluces frente a sí mismos, para que puedan reconocer-se. Para que puedan aclarar-se si consideran que tienen identidad, si creen que su identidad es fuerte o débil, si por el contrario estiman que su identidad es la misma de otros, o incluso es parte de la de otros. Aquí se han dado argumentos. Ahora corresponde al lector adoptar la estimación que considere pertinente.

www.ingramcontent.com/pod-product-compliance
Lightning Source LLC
LaVergne TN
LVHW010549160826
845677LV00013B/3054

* 9 7 9 8 3 7 2 3 9 4 9 2 6 *